中学美术教学实践与探索

吴 琼 著

北京工业大学出版社

图书在版编目（CIP）数据

中学美术教学实践与探索 / 吴琼著．— 北京：北京工业大学出版社，2022.11

ISBN 978-7-5639-8492-3

Ⅰ．①中… Ⅱ．①吴… Ⅲ．①美术课－教学研究－中学 Ⅳ．① G633.955.2

中国版本图书馆 CIP 数据核字（2022）第 186755 号

中学美术教学实践与探索

ZHONGXUE MEISHU JIAOXUE SHIJIAN YU TANSUO

著　者：吴　琼

责任编辑：郭志霄

封面设计：知更壹点

出版发行：北京工业大学出版社

　　　　　（北京市朝阳区平乐园 100 号　邮编：100124）

　　　　　010-67391722（传真）　bgdcbs@sina.com

经销单位：全国各地新华书店

承印单位：北京银宝丰印刷设计有限公司

开　　本：710 毫米 ×1000 毫米　1/16

印　　张：10.25

字　　数：205 千字

版　　次：2022 年 11 月第 1 版

印　　次：2022 年 11 月第 1 次印刷

标准书号：ISBN 978-7-5639-8492-3

定　　价：72.00 元

作者简介

　　吴琼，女，中共党员，陕西延安人，延安市实验中学高级教师，陕西省教学能手、学科带头人、教学名师，陕西省美术教育学会理事、延安市书画艺术教育研究会副秘书长、延安市美术家协会会员、延安市书法家协会会员、延安市青年岗位能手、延安市中小学"校外书画辅导员"。

前 言

美术是艺术的重要组成部分，它既有自身的特殊性，又与其他艺术如文学、音乐、舞蹈、戏剧、电影等有着共同的艺术规律。美术教学则是立足于美术而展开的教育活动。美术学科的文理兼备性与美术教育内涵的多变性，为美术教学内容的展开带来了一定的难度。在 21 世纪，我国急需建设"美丽中国"的创新人才，而中学美术教育是培养创新人才的有效途径。如何开展中学美术教学，为中国特色社会主义现代化建设源源不断地提供美术人才，是我们当今面临的一个重要问题。

本书共六章。第一章为美术教育概述，包括美术教育、美术教育价值体系、美术教育理念、美术教育理论、美术教育的功能、美术教育现状等内容；第二章为中学美术教学，包括中学美术课程标准、中学美术教学大纲、中学美术教学基本原则、中学美术教学目标、中学美术课程的内容、中学美术教材分析等内容；第三章为中学美术的教学方法、模式与策略，包括中学美术的教学方法、中学美术的教学模式、中学美术的教学策略等内容；第四章为初中美术教学领域设计与分析，包括造型·表现、设计·应用、欣赏·评述、综合·探索等内容；第五章为高中美术教学领域设计与分析，包括美术鉴赏、绘画、中国书画、雕塑、设计、工艺、现代媒体艺术等内容；第六章为对中学美术教学的探索，包括中学美术教学中的创新、提升教师的水平、中学美术教育改革——深化地域美术教育、中国美术教育展望等内容。

在撰写本书的过程中，笔者得到了许多专家学者的帮助和指导，参考了大量学术文献，在此表示真诚的感谢！

限于笔者水平，本书难免存在一些不足，在此恳请同行专家和读者朋友批评指正！

目 录

第一章　美术教育概述 ………………………………………………… 1

　第一节　美术教育 …………………………………………………… 1

　第二节　美术教育价值体系 ………………………………………… 4

　第三节　美术教育理念 ……………………………………………… 8

　第四节　美术教育理论 ……………………………………………… 16

　第五节　美术教育的功能 …………………………………………… 22

　第六节　美术教育现状 ……………………………………………… 27

第二章　中学美术教学 …………………………………………………… 29

　第一节　中学美术课程标准 ………………………………………… 29

　第二节　中学美术教学大纲 ………………………………………… 32

　第三节　中学美术教学基本原则 …………………………………… 35

　第四节　中学美术教学目标 ………………………………………… 37

　第五节　中学美术课程的内容 ……………………………………… 43

　第六节　中学美术教材分析 ………………………………………… 51

第三章　中学美术的教学方法、模式与策略 ………………………… 56

　第一节　中学美术的教学方法 ……………………………………… 56

　第二节　中学美术的教学模式 ……………………………………… 60

　第三节　中学美术的教学策略 ……………………………………… 64

第四章　初中美术教学领域设计与分析 ·················75

　　第一节　造型·表现 ·····································75

　　第二节　设计·应用 ·····································82

　　第三节　欣赏·评述 ·····································90

　　第四节　综合·探索 ·····································98

第五章　高中美术教学领域设计与分析 ················103

　　第一节　美术鉴赏 ·····································103

　　第二节　绘画 ···110

　　第三节　中国书画 ·····································117

　　第四节　雕塑 ···119

　　第五节　设计 ···123

　　第六节　工艺 ···125

　　第七节　现代媒体艺术 ·································128

第六章　对中学美术教学的探索 ·····················132

　　第一节　中学美术教学中的创新 ·······················132

　　第二节　提升教师的水平 ·····························138

　　第三节　中学美术教育改革——深化地域美术教育 ·········142

　　第四节　中国美术教育展望 ···························148

参考文献 ··153

第一章　美术教育概述

本章分为美术教育、美术教育价值体系、美术教育理念、美术教育理论、美术教育的功能、美术教育现状六部分，主要包括美术教育的概念、认识美术教育价值、课程教材理念、工具论、认知功能、美术教育领域的发展变化等内容。

第一节　美术教育

一、美术教育的概念

在艺术分类中，美术又称造型艺术、视觉艺术、空间艺术、静态艺术。它是指艺术家运用一定的物质材料，如纸张、画布、泥土、石头、木料、金属等，塑造可视的平面或立体的视觉形象，以反映自然和社会生活，表达艺术家的思想观念和感情的一种艺术活动。美术教育是以美术学科为基础的教育门类。其主要目的是：延续和发展美术的知识与技巧，以满足人类社会经济、精神和文化的需要；健全学生的人格，使学生形成基本的美术素养和能力，促进学生的全面发展。美术教育学习内容包含素描、色彩、速写、油画、国画、装饰画、版画、书法、装裱、刻印章、平面设计、立体设计、动画设计等一系列与美术有一定关系的技能。

二、美术教育的历史演变

美术教育及其含义最早可以追溯到古希腊与我国的原始社会。当原始社会生产力低下的时候，人们为了生存，已经有了生产技艺的传授，为了满足精神生活的需要，也有了原始的美术创造和欣赏活动。但那时候的人们还不具备自觉的美术教育意识，教育主要是劳动经验的传授，而造型活动是这类劳动经验中必不可少的部分。美术教育就发源于这一种造型活动。这在西安半坡文化的遗址中，已表现得十分明显。而更为引人注目的则是陶器工艺的出现，这些陶器本身就既是实用工具，又是艺术品。它们因实际用途不同，分为盆、碗、壶、钵、瓮、罐、甑等，纹饰表现丰富，如奔跑的鹿、飞翔的鸟、游动的鱼以及水波纹和人面纹等。这类早期彩陶艺术的辉煌成就，是通过数代人的不断积累和探索而达到的。而在其发展过程中，它所蕴含的审美性和艺术性，是通过教育的方式获得的。

当然，无论是美术还是教育，在原始时代都尚未独立于生活之外。在原始时代，并无生活与美术之分，两者浑然一体，美术成为原始人生活的一部分。原始人几乎人人都可以称得上是质朴的美术家，他们运用敏锐的感受力，发挥生动的想象力，在制造工具、装饰生活和宗教仪式等活动中，将神秘的观念、丰富的情感和对生活的愿望，以一些富有美感的形式表现出来。而原始美术教育也是自然形态的，没有相应的教学机构和规范。教学大多是在制作活动中，后辈通过一些前辈和能者的指导，边实践边进行。因此，广泛的社会性和生活化可以说是原始美术教育的一个十分重要的特征。原始美术教育虽然原始，甚至与巫术等活动有着难解难分的关系，但作为传授技艺的工具之一，有着自身的传授规律，其作用不可小觑。原始美术教育直接促进了美术文化由粗到精、由简到繁的变化。

随着生产力的发展和私有制的出现，人类进入奴隶社会。这一时期，教育开始作为独立的社会活动形成，首先表现为学校的出现。学校的产生一方面是出于奴隶主巩固其统治地位的实际需要，尤其是在"国家"这一特定概念形成以后，从这一角度来说教育的某些特征正好与这一需要不谋而合，可起到很好的教化民众的作用，另一方面则是出于奴隶主满足自身享乐需要的考虑。总之，古代奴隶社会学校及学校教育的产生是政治和社会生活的共同产物，也是生产力发展到一定程度的必然结果。有了学校，就意味着有专门的教育者和受教育者，有预先确定的相对稳定的教育目的、内容与方法，也就是说，培养人的活动专门化了。在奴隶社会，古典文化产生，人们开始把美术作为美育和乐教的一部分，以满足统治阶级及其子女陶冶性情和文化生活的需要。过去那种无定居时代"遇事而学""随机而教"的落后状态得以改变，在中国夏、商、周时代，学校教育已成为教育活动的主要形式，尤其是奴隶社会鼎盛时期的西周（约公元前 1046—前 771 年），其教育制度渐趋完备，形成了奴隶制的官学体系。教学内容则是以礼、乐为中心的"六艺"教育，即礼、乐、射、御、书、数。其中的"乐"，包括音乐、诗歌、舞蹈。虽然没有明确说明六艺中包括美术，但六艺教育的实施反映了当时社会的理想教育标准，实际上已经具备了德育、智育、体育和美育的性质。尽管美术教育还未在学校教育中占有一席之地，却有"全面发展"的教育思想的影响，为美术教育的进一步发展培养了丰厚的土壤和很多优秀的思想传统，以供后世吸收借鉴。

几乎同一时期，在遥远的古希腊，也出现了"全面发展"的教育思想，虽然"美术"的概念仍尚未从"技艺"一词中分化出来，但美术教育已与美育息息相通。公元前6世纪，古希腊的毕达哥拉斯学派的大多数科学家、哲学家都研究过音乐、美术和教育，强调意识对人的影响。

艺术在过去是属于贵族的，通常是一些有专门技艺的工匠为王室、为教廷里的一小部分人所创造的。在封建社会，工匠艺人在文艺复兴时期尽管被认为是一批极有才华的天才人物，但对他们进行的教育和训练，充其量只是宗教的和封建的思想灌输以及单纯的美术技能技巧训练。

17世纪欧洲资本主义大工业兴起之后，"艺术的美学"与"审美教育"的概念开始从关于技巧的概念和技艺传授的理论中逐渐分离出来，18世纪末到19世纪初，这种分离越来越明显，以至确定了美术与技艺、美术教育与技艺传授、广义的美术教育与狭义的美术教育的区别。这时的美术教育含义，已不是指精细或高度技能的美术技艺的传授，而是指"艺术的教育""美的教育"或"通过艺术进行的教育"。但美术教育作为独立的概念和学科的出现则较晚。德国作为现代美术教育的发源地，从19世纪开始就比较重视美术对人的素质的影响，从而将美术教育视为一种文化哲学的应用科学，其目的在于纠正科学理性主义给社会带来的负面效应，以完善人格，表达个性，陶冶情操，提高民众的审美趣味。美术教育在理论上已基本从"技艺的传授"中分离出来，重视审美和视觉思维的"意图传达"胜过"技艺的传授"。

现代社会中，美术文化获得了前所未有的发展和普及，而这一切均得益于美术教育所发生的巨大变化。一方面，现代美术教育的内容日益分化，分门别类地对美术文化的局部领域进行了更为深入细致的研究。这些领域包括绘画、建筑、雕塑、设计、影视动画等，而且其中可以做更细的划分。此外，美术理论、美术史、美术批评等作为美术文化的重要组成部分，也通过一定的教育机构向学生进行了传播。另一方面，现代美术教育能调动多种教学方法，从多方面刺激人的感官，激发人的思维，训练人的技能，其强度、深度和广度都是与以往不可比的。

现代美术教育作为人的全面发展教育中不可缺少的组成部分而被纳入学校教育，成为学生提高综合素质的重要内容和不可或缺的辅助手段之一。同时，现代美术教育的目标显然不是要求学生单纯地掌握多少美术技能技巧，而主要是培养他们具有一定的审美能力和美术综合修养，包括热爱和欣赏古今中外优秀艺术作品的能力、分辨艺术作品水平高低的能力等。至于技能技巧的训练，它只是桥梁而已，人们盼望达到的彼岸应是美术综合修养。美术教育必须立足于培养人，立足于美育，才会有广阔天地。在美术教育中，学生对形体、结构、比例、线条、色彩、材料等造型因素的掌握，不仅包含着对某些技术因素的学习，更主要的是表现着对某些形式美特定法则的思考、理解和创造。如果美术教育仅以技法训练为主，则势必使学生走进依样画葫芦的死胡同，美术教育便失去了其应有的魅力，结果是令年轻一代不断萌发的审美兴趣大幅降低。因此，现代美术教育应该以人的培养为宗旨，充分发挥学生的艺术和审美潜能，呈现出更强的"人文关怀"和一定的"生态式"发展的特点。

由此可见，美术教育不仅与人类起源有关，更与人类文明的发展密不可分。"美术教育"这个古老的命题从开始就具有了多层次、多侧面、多学科结合的特征，它不仅成为传播社会知识、表现内心情感、满足审美需求的重要途径，而且是人类文化教育活动的重要社会现象，并为一定的社会经济、政治和文化的发展服务。

第二节　美术教育价值体系

一、认识美术教育价值

价值是揭示周围世界一切客体对人和社会所具有的积极或消极意义的一种特殊社会规定。价值首先来源于客体或外部世界的一些属性，这些属性必须能在一定程度上满足人的物质或文化需要。

随着人类社会的发展，人类不断产生新的需要，也不断创造着满足自身需要的条件。在尚无文字的社会，人类对造型艺术以师傅带徒弟的传承方式满足着社会生活的需要，这种美术教育便是原始社会发展需要的条件。当生产力发展到一定程度，美术教育作为具有特定活动方式和特定功能的社会系统便自然产生了，而且随着社会的发展不断得到完善，终于成为一个复杂的价值客体。美术教育在不同的历史时期为人类社会的发展创造了不同的价值。在人类早期的美术教育活动中，方法和目的十分简单和明确，往往是传授某种技能，使技能得以延续和发展，当然美术教育的价值也较为单纯和隐性。尽管如此，人类一刻也没有停止对经验价值的追求。

价值在人的日常生活中扮演着极其重要的角色，在人的行动中起着导向和激励的作用。价值可以分为潜在价值和显化价值、低级价值和高级价值、特殊价值和一般价值、物质价值和精神价值。潜在价值是指某种进入人的实践活动，而尚未被人所认识，却实际上已客观实现了的价值；显化价值是人们认识到某一客体或行为所具有的，并通过实践活动有意识去追求和努力使之得以实现的价值。物质价值是指能满足人的物质需求的价值；精神价值则是指能满足人的精神需求的价值。

价值又是层次丰富的概念。不同的事物价值是不尽相同的，越是复杂的人类活动，其价值就越高。美术教育就是这样一种包含多种价值的复杂人类活动，既有潜在价值，又有显化价值；既有物质价值，又有精神价值；既有低级价值，又有高级价值。对于美术教育活动，也只有人们在充分认识到其价值之后，才有可能高投入、高质量地进行。

所谓美术教育价值，是在有组织、有步骤地研究如何培养人的美术能力的过程中，以谋求主体发展和客体培养之间的关系，从而使主体获得发展的潜能。在这个发展过程中对主客体的不同认识和评价，就形成了人们美术教育的价值观。美术教育价值既可以是物质的，也可以是精神的；既可以是社会的，又可以是个体的。因此，要想从事任何一项活动，首先必须分析和认识该项活动所蕴含的价值。认识美术教育的价值是完成美术教育活动的先决条件。只有在美术教育的实践中才能发现美术教育的诸多价值，如情感价值、技术价值、智力价值、创造价值、品格价值和方法价值等。

二、美术教育的情感价值体系

美术从它形成的那天起就注入了人类情感，美术教育也正是在情感价值中得到了最大限度的发挥。美术具有的情感价值极为丰富，它同物质一样是人们生活中不可缺少的精神支柱。

（一）情感的美育价值

审美教育是人类社会的重要教育门类，其目的在于提升人的精神境界，丰富人的感情，完善人的生命感受，而且能作为重要的协作因素，帮助完成人的德育、智育和体育。

审美教育的目的在于提升人的精神境界，使人在理智上获得启示，在精神上获得满足和愉悦，同时还能促进人的道德、智育和体育发展等。正如美国著名美术教育家罗恩菲德在他的《创造与心智的成长》里指出的那样：“美感的成长是任何创作活动的固有贡献；赫伯·里德把美感教育称为‘意识、智慧和判断所依赖的教育’。只有这种感觉与外在的世界达到和谐的关系时，才能建立起统整的人格，如果没有这种统整的作用，我们不但会导致心理学家所熟悉的心理不平衡，更严重的是教条的或武断的思想系统把逻辑或智慧的模式硬加在有机的生命上，而不顾人心。这种客观环境感觉的调整，可能是美感教育最重要的技能。”[1] 因此可以说，审美教育的最先途径是从训练人的感觉器官开始的，或者说首先应该培养人的审美的眼光，以审美的眼光去改变实用目的的视觉态度。如欣赏一件原始的彩陶或夏商青铜器，若专注于它的实用价值几乎很小，若从它的造型特点（形状、色彩）以及它所折射的时代痕迹来说却又具有审美价值和历史价值。艺术家们则善于发现这种价值。要把普通人的眼光训练成艺术家的眼光，其重要途径就是美术教育。人们只有不断自觉地接受美术教育，才能通向更高的审美境界，才能获得一双艺术的眼睛。

美术教育主要通过鉴赏和带有创造性的教学去完成审美教育。具体通过对客观事物的比较、协调、对称、均衡、多样统一等美的规律的体悟和研究，从而获得对形式美的把握，完善审美心理结构，丰富审美的感受能力和创造能力，从而达到身心健康、协调和美化社会的目的。应该说审美教育和道德教育都属精神范畴，它们虽类似但不相同。美育培养人的感情，道德教化人的意志，因此，两者殊途同归，均具有规范人的社会行为之功能。审美教育与道德教育之功能及其价值不可互代。但是中国古代画论中对绘画功能有“成教化，助人伦”之说，认为美术既可宣扬贞德，也能传播不良思想；既可安抚社会，又能煽动不满。当代英国著名美术教育家赫伯·里德也指出：“教育的宗旨，一如艺术的宗旨，应在于保存人类及其心理官能有机的完整，因此当他自儿童时期迈进成人，自野蛮迈入文明，他仍然保留着意识的统一。这种统一是社会和谐与个人幸福的唯一源泉。”[2] 由此可见，审美教育的价值是多方面的，既有诉诸死亡的生活价值，也有助益宣教的政治价值。

审美教育首先是从训练人的感觉器官开始的。盲人不能欣赏绘画，聋者不能

---

[1]　罗恩菲德. 创造与心智的成长 [M]. 王德育，译. 长沙：湖南美术出版社，1993.

[2]　里德. 通过艺术的教育 [M]. 吕廷和，译. 长沙：湖南美术出版社，1993.

欣赏音乐，因为审美欣赏是人的感觉器官在满足了生存的基本需要后的另一个重要功能。一个只注意事件和事实的人，不可能比一个注意外界行色变化的人更能体会到生活的乐趣，因而也不可能产生更丰富的情感和对生活的热情。

要想获得审美享受，提高艺术趣味，仅仅改变态度是不够的，还有了解形式的特征和有关知识，以及形式美的规律，包括形体、空间、质材、光色、节奏、韵律、多样统一、对称、均衡、对比、调和、反复、渐层等。优秀的美术作品的确是视觉的珍馐美味，美术教育则教会人们如何享用这些珍馐美味。

（二）"天人合一"的体验价值

要想达到"天人合一"的精神境界，必须有赖于情感的升华。若想达此境界，唯有艺术和宗教是最有力的手段。在人的生命中，有许多复杂微妙的感受，必须借助知觉和体验才能得到它，因此，表达它是语言这类推理符号所难以胜任的，而只有艺术这类表意符号堪负此任。因为生命总是呈有机状态的，连绵流动、错综交叠、微妙复杂，而艺术是包含多种复杂含义的综合体，其主要领悟方式是体验和知觉，很少进行推理。正是艺术这些鲜明的特点，使得它与有机生命息息相通，艺术因此能让人体验到生命的感受。苏珊·朗格认为，人类生命形式有四个基本特征，包括有机统一性、运动性、节奏性和生长性。[1] 而这四种特征恰恰是艺术所具备的。美术教育正是运用上述四种特征，使学生从中感受到自然、生命和艺术的魅力，从而更深刻地认识它和创造它。

艺术类课程与学校开设的其他理论类的课程有很大的不同，它能够表达出大量文字无法表达的某种意思。

美术审美体验的一个重要特点是其内在性，体验的价值因而也"来自其自身的、内在的、自给自足的本质"，而不在于其作为"走向非审美体验的手段，也不为功利主义的目的服务""它是为其自身的体验而体验的"[2] "艺术体验总是一种动态的而非静态的态度——无论是对艺术家本人还是对观赏者。我们不可能身处于艺术形式的王国中而不参与到这些形式的创造活动中去"。[3]

（三）人的自信价值

美术教育在给人传授知识和技能的同时便培养了人，造就了人。在这个教育

---

① 朗格. 艺术问题 [M]. 滕守尧，朱疆源，译. 北京：中国社会科学出版社，1983.

② 郭声健. 艺术教育论 [M]. 上海：上海教育出版社，1999.

③ 卡希尔. 符号 神话 文化 [M]. 李小兵，译. 北京：东方出版社，1988.

过程中凝聚着各种炽烈的情感，其中自信就是一种重要的情感教育。学生的自信心一方面来自自身心理，另一方面来自外部的刺激。这种刺激有正面也有负面，正刺激如鼓励、表扬等会使学生看到光明，发现自己的长处或优点而更加努力；但正刺激也能使学生产生骄傲自满心理，飘飘然不知所以然，放松了努力。负刺激对意志薄弱的人来说似乎将其推向了黑暗，但对意志刚强的人来说是具有反作用力的，其会对自己的追求更执着，更充满成功的信念。当然，这正反两种结果的出现，往往与教师的行为关系最大。这就不能不考虑教师在使用正负刺激手段时采取的方式、方法和言行会带给学生什么样的后果。因此，怎样对待和评价学生学习的态度和作品是美术教师需要认真思考的问题。美术学习是一项既有脑力劳动也有体力劳动的活动，它由眼、脑、手的配合来实现学习目的。所以，学生要有持久的意志，克服学习中的种种困难，培养独立性、自觉性、自制力、毅力以及顽强、勇敢、果断的性格。这也是培养个性的有效途径。

（四）宣泄与治疗价值

人的情感要求得到一定程度的满足，才能正常地生活、学习和工作。美术在处理人的情绪方面有独擅之处。亚里士多德很早就洞悉了美术的净化作用，即美术能外化人的内心紊乱，使人倾吐内心痛苦，从而使人获得解脱。

美术教育的情感价值体系包括情感的美育价值，即情感的审美教育所具有的价值；"天人合一"的体验价值，即通过情感的升华而体验到"天人合一"境界的价值；人的自信价值，指自信是美术教育过程中所产生的重要情感之一；宣泄与治疗价值，指美术教育具有能够使人宣泄情感与治疗的价值，可以减轻人在精神上的痛苦。

第三节　美术教育理念

20世纪开始，美术的含义已经逐渐延伸到更为丰富的视觉形象传达范围。美术作为视觉文化，具有人文价值特征的同时，更具有文化的包容性和广泛性。当代兼容的美学观念，对艺术的形式、素材以及表现媒介均展开了探索，并使得美术形态无所不包。在教育领域，美国著名教育学者小威廉姆·E.多尔提出了一种超越现代工具理性的课程观——后现代课程观。这种课程理念创造性地运用了混沌学、过程哲学等，提出了以"丰富性""回归性""关联性""严密性"为标准的后现代课程设计观念①，从而超越了西方长期以来受工具理性所支配的课程理念与课程体系。

早在 20 世纪 30 年代至 50 年代，教育家维克多·罗恩菲德倡导儿童中心论。20 世纪 60 年代至 90 年代，美国盖蒂艺术中心提倡以学科为基础的美术教育（DBAE）②，认为美术教育应该是一门有明确的目标、内容和方法的人文学科，是有相当系统性的独立学科，它在学校中的地位与科学和语文等科目是平等的。DBAE 的教育目标是培养"一种健康发展的艺术理解能力"，即如何领悟美术。DBAE 主张教学内容应以人类文化中的优秀美术作品为核心，以美术创作、美术史、美术批评、美学的内容为主要对象，教育的目的是使学生能用艺术媒介来表达思想，能看懂美术，可以评价美术，了解美术史以及美学中的概念。

21 世纪的文化多元共存理念，使得教育者们不断反思教育背景的多元化问题。霍华德·加德纳提出了多元智能理论。③追求平等、尊重差异和倡导合作是多元文化理论和多元文化教育的教育目标和理念。消除性别、智力、文化、种族、社会阶级等各方面的差异和偏见，整合主流文化和非主流文化，使所有学生都有平等的受教育机会，接受更具有包容性的课程资源等。这种资源包括西方和非西方从传统到当代所有能被利用的美术作品。

加德纳的多元智能理论包括八大智能：①语文智能，指口语及书写文字的运用能力；②音乐智能，指察觉、辨别、改变和表达音乐的能力，它允许人们能对声音的意义加以创造、沟通与理解，主要包括对节奏、音调或旋律、音色的敏感性；③逻辑 - 数学智能，指运用数字和推理的能力，涉及对抽象关系的使用与了解；④空间智能，指对视觉性或空间性的信息的知觉能力，以及把所知觉到的加以表现出来的能力；⑤肢体 - 运作智能，指运用身体来表达想法与感觉，以及运用双手生产或改造事物的能力；⑥人际智能，指辨识与了解他人的感觉、信念与意向的能力；⑦内省智能，指能对自我进行省察、区辨自我的感觉，并产生适当行动的能力，此种智能也扮演着智能中枢的角色，使得个体知道自己的能力，并了解如何有效发挥这些能力；⑧自然观察智能，指对周遭环境的动物、植物、人工制品及其他事物进行有效辨识及分类的能力。

---

① 多尔. 后现代课程观 [M]. 王红宇，译. 北京：教育科学出版社，2015.

② 帕克斯，塞斯卡. 美术教学指南 [M]. 郭家麟，孙润凯，译. 长沙：湖南美术出版社，2015.

③ 加德纳. 智能的结构 [M]. 沈致隆，译. 北京：中国人民大学出版社，2008.

近现代，各国美术教育有着自己不同的特点和独特的理念。美国在现代美术教育中非常重视对学生创造力的培养，看重在课程过程中形成自己独特的审美认识，重视艺术体验、讨论、设计过程，会直接让学生通过对知识的学习来形成感受，达到审美与人文系统的输入，最终完成美术教育。法国的美术教育关注的焦点是学生艺术感知力的培养，从一开始并不看重技能，而重视创造力以及学生全面素质的平衡发展，重视艺术的熏陶，强调教育举措的民主化和现代化。民主化扩大了教育接受面和平台式教育的操作理念，教育管理的权力下放，给下级部门以更多的自主权，可以因材设教，因情施教；现代化则在现代经济、高科技发展的情况下，根据社会发展趋势改革新教学的方式、方法，实现教学理念与现实的始终合拍，也就是以教育体制不断地适应科技进步与知识更新，不断地体现出与时俱进的理念，与社会现实的语境相配合。日本的中小学美术教育关注感性教育，培养审美情操和完善的人格，有利于成长中的孩子发展独立的个性。课程设置中既注重发展人的整体反应能力，也注重在每个学龄段学生的心理状态上加以设计。日本的课堂模式呈现出自己的现实形态，很明确地认识到创造力是无法教的，而是应当在鼓励上加适当的引导。日本的美术教育注重激发学生的智能和情商，培养学生的想象力和创造性，使教学丰富多彩。在具体的操作上，平等而民主地鼓励学生积极参与，始终引入最新的前沿资料和思想，启迪学生的思维，使学生用自我的艺术视角理解和解读世界，以自己的思考去发现不一样的世界，实现了教育以潜移默化的方式见成效的目的。

综上所述，在现代教育中，主要发达国家都把学生的自身发展作为目标；把培养学生的审美感知力、创造力以及美术文化积淀作为学生学习的重点和展开课程探讨的基准；在教育教学理念中把学生的全面发展作为最终目标，把美术、文化和社会联系得更为紧密。课题内容对不同类别艺术资源的包容性、对人文精神的更深刻和更广泛的理解、美术课程操作更具人性化等都是现代美术教育的新特征。

在中国，随着教育改革的不断深化和探索，人们对美术教育的认知也达到了前所未有的高度。美术教育主要承担着学校美育的任务，它和美育与体育教育一样更注重过程性，过程即目的。在美术学习的过程中，学生的参与度、学生在参与过程中的体验和动手的积极性，是衡量美术教学成败的主要标准。现行的美术教育理念已摆脱重技能、轻感受的"灌输式"教学模式，重理解，重兴趣培养，教学手段多样，关注学习方法的合理有效，更切合人类审美的终极意义，对学生的自身发展、文化的自律性以及 21 世纪美术教育的未来可延展性具有不可低估的价值。这是科学的美术教育观，也是与学生心灵的契合，把握了时代的脉搏。

众所周知，现代美术教育已经由普适性的教育教学模式转向了寻求情境化的教学实践。学校美术教学正经历着深刻的变革，并艰难地在应试教育和素质教育的矛盾中蹒跚地推进。美术教育和其他门类教育教学一样，其最基本的功能依然是引导学生理解并融入社会。在不同层次的美术教育过程中，应逐渐实现学生素质的提高和人性的完满。

没有任何一种普适而永不变更的教育模式以及教学理念能够适合所有的时代或所有的教育教学情境。面对每一个不同的教育集体，一定有不同的教学策略。同样，每一个不同的教育个体，都有独特的教学需求。所谓的不同是教学环境、社会背景、学生的多元需求导致的。故而教育实践一定不能固化为某一种模式，机械重复。它当随境而动，永远处于某种动态、变革的过程当中。

关于美术教育理念，有以下几种。

一、课程教材理念

新课程理念以及美术教材学是现代美术教育的基本组成部分。美术课程由基础型课程、拓展型课程、探究型课程三部分组成。美术课程内容由若干学习模块组成，各学习模块依据课程目标要求进行设计，并通过活动建议具体展开。

基础型课程是使学生掌握美术基本知识和技能，培养学生对美术的兴趣和健康的美术审美观念与情趣，促进学生美术素养形成与发展的必修课程。

拓展型课程是发展学生对美术的兴趣爱好，开发学生的美术潜能，为学生进一步发展美术的某些专长奠定基础的课程。拓展型课程由学生自主选择修习。

探究型课程是学生自主运用探究性学习方式，针对美术某一领域的问题进行更深入的学习、研究，从而获得并应用新的知识，培养发现和解决问题的能力的课程。探究型课程由学生自主选择修习。

基础型课程的学习模块由"表现与应用""欣赏与评议"两部分组成；拓展型课程的学习模块由"平面造型""立体造型""设计艺术""电脑美术""摄影艺术"等部分组成；探究型课程仅提供参考内容。

教师应根据三个阶段的课程目标进行设计与编制，针对学习模块落实教学目标。

现代学校美术教育，是一种普及性的、平民性的素质教育。这种素质教育是对学生的非智力因素（包括情感、注意力、意志力）和艺术文化的润泽、陶冶与开发行为。学校美术教育的观念是"艺术文化素养蕴含的润泽教育"。课程是指为实现学校教育目标而选择的教育、教学内容的总和，包括学校所教授的各门学科，以及有目的、有计划、有组织的课外活动。课程是学校教育的核心，它涉及教学过程中教师教什么和学生学什么的问题。课业及其课程作为一种有计划的教学活动，反映出教与学的双边关系，是美术教学的重要组成部分。狭义地讲，就是指美术这门学科。

中小学美术课程是义务教育阶段全体学生学习艺术的基础课程。在艺术学习领域，美术课程以视觉形象为载体，以体验感悟为途径，以审美教育为核心，以美术知识和技能为基础，陶冶学生情操，弘扬以爱国主义为核心的民族精神，培养学生的创新意识，提高学生的美术素养和实践能力，对学生全面、和谐发展具有独特的作用。

美术课应具有人文性，而人文性包括人存在的意义、人的尊严、价值、道德、文化传统，知、情、意、人格都是其中的内涵。美术作为人文学科的核心之一，凝聚着浓郁的人文精神，人文性质是美术课程的基本性质。

2001年7月，我国教育部颁布了《全日制义务教育美术课程标准（实验稿）》，它的颁布标志着我国基础美术教育自新中国成立以来最大、最深刻的一次课程改革全面开始，其提出的基本理念如下：①使学生形成基本的美术素养；②激发学生学习美术的兴趣；③在广泛的文化情境中认识美术；④培养学生的创新精神和解决问题的能力；⑤为促进学生发展而进行评价。

此次美术课程改革的负责人尹少淳曾对课程改革的要点做出了很清晰的归纳：在美术学科中，选择对学生发展有用的、感兴趣的、能够学会的知识与技能，并将它们与学生的生活经验相联系，提倡愉快学习、自主学习、探究学习、合作学习、综合学习，努力形成学生的基本美术素养，让他们学会学习，并形成有益于社会和个人的情感态度和价值观。

2003年4月，教育部又颁布了《普通高中美术课程标准（实验）》，我国学校美术教育从此进入了新的发展时期。新的课程标准贯穿了以学生发展为本的理念，凸显了基础性、时代性、开放性、综合性等特点，注重自主学习、合作学习、探究式学习等方式，要求美术教师突破原来传统教师的角色，面对新情况，解决新问题，向教研结合的研究型教师转变。

《义务教育美术课程标准（2011年版）》（以下简称《标准》）指出：美术课程是学校进行美育的主要途径，是九年义务教育阶段全体学生必修的艺术课程，在实施素质教育的过程中具有不可替代的作用。《标准》还将美术学习活动方式分成四个学习领域，即"造型·表现""设计·应用""欣赏·评述"和"综合·探索"。规定课程目标是：学生以个人或集体合作的方式参与各种美术活动，尝试各种工具、材料和制作过程，学习美术欣赏和评述的方法，丰富视觉、触觉和审美经验，体验美术活动的乐趣，获得对美术学习的持久兴趣；了解基本美术语言的表达方式和方法，表达自己的情感和思想，美化环境与生活。在美术学习过程中，激发创造精神，发展美术实践能力，形成基本的美术素养，陶冶高尚的审美情操，完善人格。总之，《标准》对美术教学性质、教学价值、教学理念、课程目标、成就标准、学习内容、学习活动、教学评价、教材编写、课程资源以及问题讨论等各个方面做了全面的规定。

人们对现代美术课程的理解不能仅仅停留在知识的传授和技术的讲解与实践的表层，应深化理解为是对学生现代人文素养建构和培养的机制。信息时代图像资料的空前丰富和泛滥，导致现代美术教学中校本资源和社会、文化资源的相对混战。故而选择美术资讯编撰美术教材就成为一件严肃、细致的工作。认知教材的概念、作用、内容、编撰原则等，是非常必要的。

美术教材是根据美术教学大纲提出的教育目标和目的任务，选编和组织有一定范围和深度的美术知识和技能的体系，是美术教育、教学的主要依据，一般都是以教材形式出现。所谓教材，狭义来讲是指课本，但课本并不等同于教材，而只是教材的形式之一。教材是教学的基本要素之一，受教学大纲的制约。教材起着辅助教学的重要作用，是课堂教学的指导性材料，也是课外学习的重要参考材料。

美术教材的编撰应符合美术教学大纲的要求，深扣教学目的和要求，循序渐进，反映美术学科的内容、知识、技术以及多元的审美诉求。在有限的篇幅内尽可能多地结合现代科技、文化以及生活和美术观念，进行教材内容的编排。

现代美术教材是一个不断变化和丰富完善的信息载体，既要符合学科内容要求，又要符合不同年龄学生的知识、心理和认知特征。在这个信息和观念不断流变的时代，人们把教材视为以动态发展而存在的，即是在有序的变化中的教学教本。多年来人们提倡把"教材是学生的世界，变更为世界是学生的教材"，以及在教学中倡导"用教材教，而不是教教材"，这是一种宽容与开放的教材观和教学视野，更是指导人们思考教学内容和包容所有美术文化的观念。

二、目标理念

把一个人在体力、智力、情绪、伦理各方面的因素综合起来，使他成为一个完善的人，这是对教育基本目的的一个广义的界说。

现代美术教学的实施必须遵循系统的原则，制订各项计划以及各级目标。教学目标是在可操作、可实施、可检测的基础上来制定的，并且可以适时调整，且符合总的教学目的。好的教学目标可以为学生的学习制订知识目标、技能目标、方法目标，合理的教学目标不但能测度教学活动的成败，还可以激励学生学习，是教学活动的核心内容。

设计教学目标必须先钻研教学大纲，分析学生的学习特征和知识水平，了解他们的兴趣以及认知能力，进而合理地制订教学目标。所谓合理的教学目标，应该是有层次、清晰且难易适中的。美术教学目标应在技能、认知、创造、情感四个领域都有所体现。从总目标到学期目标，再到具体的单元目标，直至每堂课的目标都应该清晰明确。

三、价值理念

现代美术教育从教育目的和价值取向以及教学方法等各个层面展开探讨。早年的以社会需求为目的的社会本位价值取向美术教育，发展到以儿童自身发展为目的的儿童中心论，再到艺术综合教育理念。艺术不是孤立的学科，它是各学科文化知识的集合，同时也可以反作用于各学科学习。

国内美术教育界倡导综合价值取向的美术教育，从社会、个体以及综合价值来界定美术教育的目的，强调美术教育对生存环境、人际环境、文化环境、经济发展、美术技能、美术文化、生理和智力开发、人格实现、情感价值观、智力价值系统以及创造力等各方面均有积极作用。

现代教育强调人文价值。现代教学更是看重对学生的人文关怀，强调在学习过程中学生人文精神的提升。所谓人文精神，指的是一种高度重视人和人的价值观的思想态度。人文精神的价值在美术教学中体现为：①教师通过各种美术实践活动，使学生的美术经验不断得到丰富和升华，从而获得感受美、创造美、鉴赏美的能力和健康的审美情趣。②教师在美术教育实践活动中，引导学生不断发现自己，不断发展自己。强调每个人都应该成为他自己，寻求一种"个体的真实性"，以达到美术学习与个性培养并行和谐地发展，使学生认识到生存的意义，珍视生命，热爱生活。③教师应营造宽松、民主，有利于学生主动参与的教育环境与学习氛围，使学生形成尊重、关心、友善、合作、分享等人文素养，丰富学生的情感和精神追求，促进个性的完善与身心和谐发展。

作为素质教育的现代美术教师，其根本价值在于对学生的基本审美能力、动手能力、艺术交流能力、审美文化层次以及价值观的综合提升。在这一基础上审视我们的美术教育，则应该把学生通过对美术的学习，掌握美术学习的方法作为根本目的，因为学生的成长和学习是终身的、自主的和可持续性的。从推进素质教育的角度来说，通过教师的"教"转变学生的"学"的方式，以培养学生的创新精神和实践能力为主要目的。注重培养学生的批判意识和怀疑意识，鼓励学生对书本的质疑和对教师的超越，赞赏学生独特性和富有个性化的理解，积极引导学生从事实践活动，培养学生在美术学习中乐于动手、勤于实践的意识和习惯，切实提高学生的动手能力、鉴赏能力。从教育心理学的角度来说，学生的学习方式有接受和发现两种。

在接受学习中，学习内容是以定论的形式直接呈现出来的；在发现学习中，学习内容是以问题的形式间接呈现出来的，学生进行学习的心理机制或途径是顺应，学生是知识的发现者。所以转变学生的"学"，从被动学习到主动地发现学习、探究学习、研究学习是教师通过其"教"而达成的最终成就。

四、学习方法理念

美术学习方法和教学方法同属于美术教学法的基本内容。了解学生的学习，掌握学生的接受程度是教师实施教学活动、实践教学步骤的依据，不同年龄的学生有着不同的学习特征、不同的知识层次和接受需求，尊重学习规律，研究接受规律，掌握不同的教学方法、不同的教学形式是每一个美术教育者要不断钻研与总结的课题。

学生是教学过程中的主体，具有不同的个体差异。学生的学习具有巨大的潜能，有待于教师的激发和引导。学生的学习与接受程度由其行为特征、心理特征、年龄特征、动机、兴趣、环境、习惯等共同影响，故而好的教师想要了解学生的学习必须钻研教育心理学、教育学等大量相关知识，并勤于探索，从实践中研究并总结。

在美术教学中，学生的学习在低幼阶段多以趣味性和游戏性教学为主，兴趣是小学生和初中生天生的优势。初中以后应逐渐加大知识性、技术性的教学内容。高中时多以辨析性、自主性、知识性教学为主。创造性的教学和实践应贯穿美术教学的始终。此外，学生的学习还具有反复性和层次性，需要不断地温故知新，并有层次地引入知识和技能内容。在整个教学中创造良好的学习环境，激发学生的学习动机，提升他们的学习兴趣，培养有益的学习思考习惯是教学成败的关键。

第四节　美术教育理论

一、工具论

（一）杜威的教育理论

杜威的教育理论是工具主义美术教育观的主要思想基础。杜威是美国实用主义哲学家、教育学家和心理学家，他把自己的哲学称作"工具主义"或"实验主义"。在他看来，无论是正式教育还是非正式教育，实际上都在进行经验的改造，而改造经验必须与生活紧密结合，且能促进个人成长。

只有真实的生活才是身心成长和经验改造的正当途径，因而要把学校变成一种有控制的特殊社会情境，把课堂变为儿童活动的乐园，教师的职责不再是传授知识，而是引导和指导儿童参加诸如手工作业、现场参观、表演节目、盖房子、测画图等活动，让儿童在活动中通过观察、接触、操作、实习而直接接触各种事实，获得有用经验，即"从做中学"。杜威摒弃了分科教材，反对传授各科知识，认为学校科目相互关系的真正中心不是科学，也不是文学，而是儿童本身的社会活动。在杜威的教育观中，儿童得到了极大的重视和强调。

（二）里德的美术教育观

里德将艺术在教育中的地位看得很高，把艺术看成适应社会的人的个性的自我定位最有效的手段。他认为人类的不幸主要源于个人自发创造力受到压制，人格的自然生长受到阻挠。教育唯有运用艺术，才能摆脱这种状况，达到自我实现。也就是说，艺术教育的目标是促使儿童自发创造力与人格自然地成长。

里德认为人类的艺术表现形式与人类的心理类型是高度相关的。依据荣格的观点，他把人类心理分为思考型、感情型、感觉型、直觉型，而每个类型有内向、外向之分。这样，人类心理共有八种基本类型。里德认为，这八种基本心理类型各自具有独特的美的表现形式。以现代艺术为例：思考型——写实派；感情型——超写实派；感觉型——表现派；直觉型——构成派。心理型中有内向与外向之分，相当于艺术型中的主观与客观之分。具体到儿童艺术，里德便有了这样的看法：

儿童生来具有艺术潜能，并具有不同表现类型，包括有组织的、拟情的、节奏的模式、构造的形式、列举的、表现派的、装饰的和想象的，共八种。这八种儿童艺术表现类型受到儿童特定的人格类型影响，相当于儿童不同的心理倾向：外向思考型——列举的，内向思考型——有组织的；外向感情型——装饰的，内向感情型——想象的；外向感觉型——拟情的，内向感觉型——表现派的（触觉的）；外向直觉型——拟情的，内向直觉型——构造的形式。由于艺术类型与心理倾向之间这种依存关系的存在，教师在教学中应该具有型的态度而立于承认各种类型的地位，依照儿童天赋的气质予以鼓励和指导。儿童美术不仅受儿童特定人格类型的影响，也受"由潜意识而来"的一系列原生印象或原型的影响。根据里德的观点，儿童美术是人类进化过程中作为残迹遗留在人类意识中的一种原型功能。原型最常显现的是魔环主题，包括一切同心圆、有一个中心的圆形或方形以及所有辐射状或球状的排列，如花、十字、轮状、曼陀罗等。这些符号自然反复地出现在各种文化背景的儿童画中，从而为人类的共同人性提供了佐证。仿效进步主义的观点，里德提出美术教育的课程和教学法建议。他指出"课程不应视为各科的总汇。在中学阶段一如在小学阶段一样，应该是创造性活动的场所，而教学只是为了达到这些活动的目的在不可避免时或有助力时才实施。如果在幼儿阶段，这些活动可称为游戏活动，在小学阶段称为设计，然后在中学阶段合而为建设性课业"。[①] 艺术应成为学校日常生活的一部分，课程应采用统整模式。学校是实习工厂，符合美学标准。而教师则应该是将个体引入环境的中介，他应该了解"涵容"学生。里德的这些看法，与进步主义教育理论是一致的。

（三）罗恩菲德的美术教育观

维克多·罗恩菲德是美国当代著名的美术教育家、心理学家、宾州大学艺术教育系教授。他综合美术教育理论和实践，形成了一套颇有影响的美术教育观，成为进步主义美术教育运动的核心和领导人物。罗恩菲德认为，在艺术教育中，艺术只是一种达到目标的方法，而不是一个目标。艺术教育的目标是造就富于创造力的身心健康的人。而创造性是每个儿童都具有的潜能，为使这种潜能得以实现，教师或家长应该为孩子排除干扰，避免让儿童使用着色画本，也不要从成人角度评价儿童作品，这样一来，每个儿童都会无拘无束地运用创作欲望，运用自己的感官去感受和体验生活，这就是发挥创造力的最佳途径。

---

① 　里德.通过艺术的教育 [M]. 吕廷和，译. 长沙：湖南美术出版社，1993.

罗恩菲德把儿童美术的发展分为六个阶段：涂鸦阶段（2～4岁），是儿童自我表现的第一阶段；样式化前阶段（4～7岁），儿童做首次的表现尝试；样式化阶段（7～9岁），有形体概念的形式；党群年龄阶段（9～11岁），是理智萌芽的阶段；推理阶段（11～13岁），是拟写实的阶段；青春危机期（13岁以上），是儿童美术发展的决定性时期。罗恩菲德认为，这些阶段是遗传的知觉程序自然展开的结果。一个个阶段的发展，就像一个个遗传程式的展开。虽然各个儿童有不同的发展特征和速度，但整体的形式和步骤却是相似的。儿童需经过一个阶段才能进入下一个阶段。这些阶段是自然发展的，因而教师对儿童美术的学习不该予以干涉。不要试图教儿童怎样绘画，而应该只是提供材料和刺激，让儿童自我表现，使其以自己的速度、自己的方式发展他们的美术能力。

罗恩菲德把儿童的创作看作他们感情、智慧、生理、知觉、社会性、美感及创造性的反映。从儿童的作品中，可以窥见他们在这些方面的成长情况。例如，当儿童喜爱某人（物）时，就会在作品中做特别的强调和夸张；当他们的社会性和群体性发展到一定阶段时，作品中就会有表现群体的活动出现。儿童的发展是生理的、感情的、社会的等多个领域的整体发展，而创作过程对儿童的整体发展最为重要。因而，罗恩菲德强调创作过程，忽视创作结果，在他看来，对儿童影响最大的是制作过程而非完成品。

在说明儿童美术的特征时，罗恩菲德特别提出了知觉的视觉模式和触觉模式这组概念。罗恩菲德认为，知觉有两种反应模式——视觉型和触觉型。视觉型是一种客观类型。视觉型的个人喜爱环境，是世界的旁观者，他们在画面中咨询自然，其绘画倾向于具象的写实。而触觉型是一种主观类型。触觉型的个人是世界的参与者而非旁观者，他们专注于主观经验的阐释，其绘画倾向于高度主观的表现。

罗恩菲德认为知觉特征的不同是由遗传而来的，因此，不要指望视觉型的儿童画出触觉型特征的画，触觉型的儿童画出高度写实的作品。由于儿童有两种创造类型——视觉型和触觉型存在，因而对美术教师的教学指导提出了要求。"我们必须在我们的刺激中更加注意这两种经验。假如我们用主观经验、感情性质或者身体的经验来刺激他，我们将会挫折一位视觉型的人。同样地，假如我们只用视觉经验来刺激主观的人，我们也会妨碍他。既然传统的艺术教育主要只是基于视觉刺激，儿童的一大部分不但受到忽略，而且会受到挫折。许多艺术教育者在中等学校里使用视觉刺激，却未曾认识到：现代的表现艺术也是今日生活中非视觉性的一种刺激。"所以，写实的表现方式不应该作为唯一的批评标准。教师应把经验世界的态度与视觉型视觉接触的方式一视同仁。艺术刺激应同时包括触觉感应和视觉经验，这样才能做到真正地面向全体学生。

里德和罗恩菲德都是工具主义美术教育观的代表人物，他们都主张"Education through Art"。里德的贡献在于美术教育的价值与哲学的建树，而罗恩菲德则在美术发展心理及教材教法的研究方面有独到之处，两者相辅相成，连珠合璧。从他们关于艺术教育的阐述中，我们可以很明显地看到杜威及进步教育运动的影响，甚至还有卢梭的影子（事实上，杜威的教育理论与卢梭的理论关系密切，虽然杜威本人不予承认）。工具论使美术教育课堂发生了重大变化，儿童成为美术课的中心。杜威重视感性经验，关注儿童兴趣，使教育领域开始了以儿童为中心的新时代。然而，杜威牌的教育学大概不可能在学校里被广泛地使用。因为杜威式的教育使得美国学校中暴露出"纪律松懈、书写无能，以及初等数学和科学知识严重不足"的缺点，引起了家长及社会人士的不满。而在美术教育界，工具论的实践使得学校中的美术教育处于一种儿童自发的、无教师干预和评价的、无所谓最后作品的严重放任状态。艺术没有被视为一门学习的课程，而是被当成了儿童自我表现的工具。学校中视觉艺术的主要功能只是给学生提供了一个表现创造力、宣泄情绪的机会。严格地说，这种状态是"非教育"的。到了20世纪60年代，情况开始发生变化。变化的主要契机是苏联第一颗人造卫星的升天。

二、本质论

1957年10月7日，苏联人把第一颗人造卫星"斯普特尼克"1号送上了天，显示出苏联领先一步的科学教育水平。争霸世界的需要使得美国在20世纪60年代进行了一次大规模的课程改革运动，改革的理论基础是由布鲁纳倡导的以了解科目基本结构为主旨的结构主义理论，在此理论的基础上，美术教育界逐渐形成和发展了本质论。这次教改兴起了学科运动。在自然科学、数学、外语（即"新三艺"）这些结构清楚、易于教学和检测的科目得到特别青睐时，美术教育为求在学校中生存，也开始逐渐向科目转化。在这一转化中，美国艺术教育家巴肯起到了重要作用。他认为美术有权成为科目，作为科目的美术教育包括画室学习、美术批评和美术史,这一观点影响了之后作为本质论代表人物的艾斯纳和格内尔。由此，本质论形成并逐渐发展起来。

（一）布鲁纳的结构主义教学理论

布鲁纳的结构主义教学理论是本质主义美术教育观的主要思想基础。布鲁纳是美国著名心理学家、结构主义教育学派的代表人物。他曾任哈佛大学和牛津大学的心理学教授、哈佛认知研究中心主任。他把 20 世纪 50 年代瑞士心理学家皮亚杰创立的结构主义心理学应用于中学课程改革，提出了颇有创见的教育主张。1960 年，他的《教育过程》[①]一书出版，该书阐述了教改的四个中心思想：①使学生掌握学科的基本结构；②任何学科的基本原理都可以以适当的方式教给任何年龄的任何人；③重视直觉思维力的发展；④学习的最好动机是对学习材料的兴趣。该书出版后备受推崇，被西方教育界人士称为"划时代著作"。很快，美国掀起了以此书思想为指导，以课程革新为中心的教改运动。

布鲁纳的教育思想与杜威大相径庭，这主要基于他们在哲学认识论方面的差异。杜威是地道的主观唯心主义，其思想核心是"经验"，而布鲁纳恰恰相反，他强调知识领域是独立存在的、可以认识的，"经验"或"事物"所具有的规律性的东西才是人们追求知识的根由，教材应该由记录这些规律性的东西构成。结构不是在材料内部发现的，而是"外加"进去的，是人所塑造的；知识可以由各学科的专家和学者来构成一个连贯的模式，并可以此构筑儿童应得的知识。在这种认识论的指导下，他指出：①要以能力和智力的发展为教育的目的；②以学科的基本结构为教育内容；③以动机、结构、程序、强化为教学四原则；④以发现法为教学方法。

在布鲁纳的思想影响下，学科运动开始兴起。当别人根据布鲁纳理论把外语、物理、化学、数学等变成结构清楚的科目时，艺术教育研究者们也开始注意美术的结构，艺术教育从重视"自我表现"和"创造性"转向帮助学生独立从事艺术学科结构的探讨，也就是教会学生如何学习艺术从而使本质主义美术教育观有所发展。然而，这些思想当时除了在杂志上有所宣传外，并没有站稳脚跟。1982年，保罗·盖蒂信托公司出资成立盖蒂艺术中心。这个中心推行正规系统的美术教育，帮助学校在实践中发展充实本质论思想，"以科目为中心的美术教育"（简称 DBAE）开始形成并流行开来。

本质论强调美术教育的本质性价值，倡导以学科为基础的美术教育。本质主义者认为，美术教学应具有学科性、顺序性，主张系统化的课程设计与指导方法，并且以学科的标准来评量儿童的学习成果。

①　布鲁纳. 教育过程 [M]. 邵瑞珍，译. 北京：文化教育出版社，1982.

（二）艾斯纳的美术教育观

本质论的代表人物是艾斯纳和格内尔。艾斯纳强调美术教育的主要价值在于对个人经验的独特贡献。他指出"美术是人类文化和实践极其特殊的一面，而且美术能为人类实践做出的最可贵的贡献是直接与其特性相关系的。美术能为人类教育做的贡献恰恰是别的学科所不能做的。因而，任何一项将艺术首先作为为其他目的服务的工具的教育计划会冲淡美术的意义。美术不应屈尊服务于其他目的"。美术教育不是服务于其他目的的工具，它在基础教育中有其独特的作用，因此美术在学校课程中的地位得到了重视和提高。与工具论者相反，艾斯纳提出美术能力不是自然发展的结果，而是学习和教育的结果。"美术学习不是随儿童成长成熟的自然结果，美术学习可以通过教育指导得到促进。"既然如此，可教的内容有哪些呢？艾斯纳认为，美术教学的领域应包括三方面：美术创作、美术批评和美术史。要使这三方面教学卓有成效，则需要有系统化的连续性课程设计，而不是那种感恩节画火鸡、圣诞节做节目装饰的以日历为中心的教学。而且要尽量对教学进行评估，因为无论是有形的评估还是无形的评估，对师生的教与学都是大有裨益的。

（三）格内尔的美术教育观

格内尔的观点与艾斯纳相近，他倡导 DBAE 大纲。DBAE 具有严谨的课程中心导向，不仅重视形象的制作，更重视对形象的理解。它要求把创作、欣赏、理解和评价几方面统合于同一教学单元，体现在总课程中，进行系统化、连贯性的教学。

这样可以帮助学生扩大艺术知识面，了解种种文化含义，并通过视觉艺术进行思想交流。因此，DBAE 要求有一系列设计严格的、反映出四方面修养的特殊教学主题。例如，以风景为主题的教学可以有：讨论大自然的景物可否称为艺术品（美学）；学习从形式与分析开始评审一幅荷兰派的风景画是狂暴或是孤凉（艺术批评）；认明荷兰、法国、中国的写实派与想象派风景画的典型风格，并研究大自然如何可以理想化和抽象化（美术史）；使用粉笔和海绵绘画的技巧，创造空间的幻觉和自然景物（艺术创作）。作为美术教师，应该善于从简单的美术行为，如常见的风景写生进行意义重大的扩展。虽然 DBAE 四方面内容无需分而教之，但教师应清楚地意识到其中的每个方面，并将它们有机地融合在一起。

DBAE 强调美术教育的本质性价值和课程结构的完整性、系统性。学生不仅学习如何制作艺术品，还学习如何欣赏艺术品，了解有关的时代背景知识——作品所产生的社会环境。由于盖蒂艺术中心的研究、实验和大力推广，这一理论已产生了广泛的影响。人们期望，它能够有效地提高学生的艺术修养，使他们了解文化与艺术、内容与形式之间的关系，学会客观评价艺术品，具有更丰富的艺术知能。

由于DBAE以严格的课程中心为导向，有严谨的课程设计，明文规定学生在艺术创作、艺术批评、美术史及美学四个领域内进行螺旋递进式的学习。因此，有人提出疑问，艺术教育接近行为科学或物理科学的教育吗？像DBAE这样的教育是否过于貌似其他学科而丧失艺术课的独特性？是否过于严格而导致僵化和枯燥？以结构课程论为教育思想基础的DBAE重视学生审美能力的培养，但忽略了对自发性表现的启发，对美感经验及创造性发展的强调亦显不足。在艺术教育中，注重结构性的同时必须加强灵活性。

工具论和本质论各自在不同的教育背景下产生和发展，它们有着不同的价值观，不同的目标、内容和方法。工具论以实用主义教育理论为发展土壤，提倡以儿童为中心的美术教育。它重视儿童兴趣，强调儿童自发性和创造性的培养，但忽视了系统的美术知识和技能传授。因此，这种美术教育不可能培养儿童具有丰厚的美术知识和技能。而有限的美术知能又限制了儿童高层次美术创造力的发展，因为高水平的创造必须以丰富的知能为基石。本质论以结构主义教学理论为渊源，要求以教师和教材为中心。它重视艺术的创作、欣赏、理解和评价等审美力的全面培养，但对自发性表现的启发显得不足。此外，严格的课程设计和教学亦容易走向形式化和乏味枯燥。

比较一下这两种理论，可以发现，它们瑕瑜互见，各有扬抑。所以，单独套用任何一种理论于我们的美术教育，显然有失妥当。我们可以根据我国素质教育的要求和美术教育的现状，对它们予以合理吸收和改造，洋为中用，促进我国美术教育的发展。

第五节　美术教育的功能

一、认识功能

美术是人类对客观世界的一种审美认识和以特有的视觉形象方式表达这种认识的艺术活动。美术作品正是这种认识和表达方式的物化形态。因此，美术作品的视觉形象是美术家对生活和现实世界进行审美认识，并按照美的规律进行创造的结果，是感性和理性、客观和主观的统一，具有一定的真实性和典型性。欣赏者从不同的美术作品中可以认识不同时代、民族、国家的具体生活情景、事件，可以认识客观世界中不同的事物及形态，从而认识历史、认识现实、认识真理，这就是美术的认识功能。

美术在表现对象和表现形式上，有着较为广阔的天地。在人类文明发展的历史中，美术创作的题材、种类、形式、媒材等都起到了极大的丰富作用，形成了无数的经典作品。可以说，美术为我们提供了一个富有魅力的认识世界的途径。美术的认识价值可以从两个方面实现：一是通过题材、描绘对象；二是通过视觉方式和形式特征。任何真正的美术作品都具有认识作用，只是认识的程度、性质不同而已。

美术作品可以对客观世界、社会生活和人类精神世界做最直接的反映，人物画、风景画、静物画几乎包括了现实中的种种素材和对象。仅就集中反映社会生活的人物画而言，就有神话、宗教、历史、风俗、军事、农业、工业、肖像、人体等，不仅可以反映人们的生活状况、风土人情、神情举止，也可以反映人们的社会派系、经济地位、人际关系；不仅可以反映一定社会生活中人们的政治法律观点、宗教道德观念、哲学美学思想，而且可以反映人们的情感、愿望、理想、幻想等。正是美术描绘对象和反映生活的广泛性和典型性使之具备了认识功能。

美术作品在表现形式方面的特点，也决定了它具有认识功能。美术以描绘方式创造具有视觉形象的物化作品，形象性和物态性使它具有了一种记事和超越时空的优势。飞逝的时光使得一定时代的历史、人物、文化状况等一去不复返，但是，同一时代保存下来的美术作品却可以为人们打开了解和认识该时代的形象画卷。保存至今的不同时代、不同民族的大量美术作品，是人们认识不同时期的历史、文化和不同民族的风俗、精神的宝贵财富。比如，敦煌石窟保存了从4世纪到14世纪的大量壁画和造像，虽然主要是佛教艺术作品，但也堪称当时中国社会生活的百科全书，从中可以比较全面地认识从十六国到宋、元时代千余年间不同时代的社会生活、民族面貌、风俗民情，以及经济、政治、军事、文化、宗教和建筑、风物等方面的情况。

美术作品的形式特征，诸如风格样式、结构特征等方面也具有一定的认识价值，可以成为认识一定时代、民族精神的依据。古埃及的绘画和雕塑中的形象往往给人以程式化的雷同感，构图中人物之间具有明显的序列和尊卑关系，体现了威严、稳定、永恒的等级和秩序感。显然，这种视觉表达形式与古埃及专制的社会制度和法老崇拜有关，并且是一种与之相适应的形式。法国的洛可可艺术，在建筑中处处装饰着繁复的金色枝蔓、温软的布幔、精巧的家具、反光的镜子等，在绘画中处处渲染着珍珠白、玫瑰红、孔雀蓝等色调，所有这些形式特征无不营造着华丽雅致、纤巧柔媚的风格，而这些恰恰是 18 世纪法国上流社会奢靡、享乐风尚和精神追求的理想艺术形式，从中也透露着封建社会没落时期的社会政治特征。

二、人本功能

美术教育的对象是人，人的本性是美术教育的对应条件。美术教育必须以人为本，离开人的生理、心理发展的具体条件，美术教育就很难获得预期效果，甚至是有害的。例如，死记硬背、强迫技术学习造成的智力损害，形成对人才潜能的抹杀。

美术教育同人的全面健康发展与和谐生活的过程是一致的，从人发展的整体过程来看，是具体的、现实的。因此，美术教育人类学探讨的人的发展、人类进化与美术教育的问题具有规定性的意义。

在当代，人的全面发展与人的现代化是一致的、平行的，它们并行且相互作用，是社会实践的产物。人类要走向全面发展，必须通过参与社会实践，在推进社会实践发展的过程中体现出来。人的现代化必须是个人进步与人类社会发展的有机统一。学校美术教育的目的在于人的全面、自由、和谐发展，社会美术教育的目标也必须努力促进人的现代化。只有实施全面发展的美术教育，才是培养健全人的美术教育。美术教育要考虑到人的德、智、体、美等各方面的发展，是具有人性特色的。

人的全面发展本质上是一个通过改造社会从而改造人类自身的历史进程，只有在这一进程中才能表现出人向全面发展的接近，美术教育也正是在参与这一过程中才可能实现人的改造和自身的重建。现代社会由于科技发展不平衡，引发出深刻的文化冲突，人类通过美术教育提高全人类的认识水平，发展人类文化共识，以新的方式来整合人类的生活，建立一个多元文化共融的全球性人类新文化圈，从而在更高水平上重建新的人类生态系统，是实现人的全面发展的条件，美术教育只有在参与和实现这一目标的过程中才能摆脱传统获得新生。

美术教育失去了人的本体塑造和促进人的本体表现，就失去了美术教育的本源。美术教育必须以赋予人的本体创造性为支点，强调美术教育是促进人的本体生成的手段，从而实现多阶段发展的自觉同化、自我塑造、自我扬弃。美术教育只有以推动人的主体创造为支点，着眼于人类的未来，才能从根本上把握美术教育的目的和应采取的手段。美术教育必须以使人获得真善美为支点，使学生的个性得到自由发展。美术教育无论是培养自我还是传授工艺技巧，都应与人对真善的把握、理解和人对美的追求相和谐、一致。

三、理疗功能

随着信息技术的进一步发展、市场经济的进一步推进，人们在物质上的享受越来越丰富，同时来自社会、文化等各个方面的诱惑也越来越多。首先，一些人在分享现代文明的同时，缺少了精神上的追求，人被物化了，或满足于物质享受的现状，或迷失了人生的方向。其次，现代科学技术具有程序化、自动化、格式化、复制化等僵化特点，容易使人自由的心性受到挤压，长此以往会造成人的感觉机械化，反而丧失心灵对外界的感悟力，其严重后果是使人成为被技术异化的"机器人"。最后，一些人只顾钻研科技，盯住眼前的经济效益不放松，向人类赖以生存的自然拼命索取，毁坏了自然环境。因此，一些人放松了对人生的精神层面、审美价值、道德理想、文化心理的追求，对人的长期健康发展造成了很大的威胁。鉴于此，人们开始严肃思考有关科技时代的人文社会议题。

21 世纪以来，人们在把目光投向宏观物质世界改造的同时，越来越关注人类自身的精神世界，关注健康的精神生活，因而美术教育成了人类生命情感得以表现、寄托的审美形式。

社会美术教育通过对人的审美能力培育可以达到理性和感性的统一，实现自由超越的人生态度的建构，对人的潜力的充分发挥和心灵的健康发展具有独特的作用。一方面，通过感性介入理性而走向自由创造，实现对审美能力的培育；另一方面，有利于人的心理能力的全面发展，形成超越实用功利的人生态度，塑造审美境界，最终促使超越的人生态度的形成。可见，美术教育可以对被物所"异化"的人产生疗救效果，重建人的心灵结构，使人最终获得自由发展。

艺术教育对心理治疗的作用是不容忽视的一项内容。美术教育与艺术治疗相结合有很大的优势，对当今特殊群体的心理障碍、行为不良等问题能起到很好的治疗作用。艺术心理关怀（治疗）具有非语言沟通的特质，能够通过美术教育的各个环节发掘出一个人的内心情感状态，帮助其调节、稳定情绪，安抚心灵。

近几年，在我国进行艺术治疗研究的大多是相关医疗企业，如北京朝阳区天赋园智障人士艺术调理康复中心、世界全息健康协会、香港人类自然健康工程研究院等。其中，北京多维乐舞文化艺术交流中心主办第二届创造艺术治疗专业"艺术与自然健康"国际研讨会，参会的主要是创造艺术治疗的专家、各类创造艺术治疗专业的在校生以及特殊教育专业人士、康复专业人士、中医专业人士、各类艺术专业人士、心理咨询及治疗专业人士、管理专业人士等。由此可见，进行艺术治疗研究与实践的多为专业治疗群体，尽管在艺术教育过程中教师也常常出于治疗的目的进行教育，如老年书画大学对老年人心理孤独、抑郁症、强迫症等的治疗，但从教育理论来看，研究大多停留在肤浅的层面上。

美术教育的艺术治疗在一些发达国家早已成为一门专业，从属艺术教育的艺术治疗研究早在 19 世纪后期已经拉开序幕。19 世纪末，进步主义教育就指出了艺术教育作用于心理与生理的主要意义，结构主义、后现代主义艺术教育都注意研究艺术治疗问题，尤其是与心理学、社会哲学研究相联系的艺术教育与治疗有很多成果。

美国艺术治疗师资格考试已很规范，以治疗为取向的艺术教育课程也呈现出多种多样的形式。美国艺术治疗协会在 20 世纪 80 年代给艺术治疗所下的定义指出：艺术治疗提供了非语言的表达和沟通机会。艺术治疗的领域有两个主要取向：第一，艺术创作便是治疗，这种创作的过程可以缓和情绪上的冲突，有助于自我认识和自我成长；第二，若把学习艺术应用于心理治疗，学生所创作的作品和关于作品的一些联想，对于维持个人内心世界与外在世界平衡一致的关系有极大的帮助。艺术教育若被用于治疗中，那么治疗师就给个人提供了自我表现、自我沟通和自我成长的机会，艺术治疗较关心的是个人的内在经验而非最后的产品。

艺术治疗与艺术教育中的治疗应用在我国尚属起步阶段。艺术教育成为重要素质教育的今天，研究教育过程中的治疗有重要的学术意义，也有重要的现实价值，能提高艺术教育的成效，增加艺术教育的内涵与功能。

美术教育与治疗相结合，可以在学习知识的过程中给参与者以美的享受、美的陶冶，使其热爱自然、热爱生活，为其创造美好的生活与心灵环境，使其找寻到精神的慰藉与健康释放方式，对于提高高等教育质量、培养心灵健康的公民以及建设和谐社会有重要的意义。

第六节　美术教育现状

素质教育是当今教育事业的主题，作为素质教育重要内容的美术教育，无论是在中小学、高校的课程建设与改革中，还是在发展职业教育中，都占有很重要的地位。我国的美术教育是沿着"艺"和"技"两条脉络发展的，对应着美术教育效能的两个侧重面。在当代中国，美术教育在不断发展和完善，但仍有一些问题出现，笔者认为这些问题正是我国教育的薄弱之处，也是眼下全社会都关注的问题。国家、社会对美术教育的空前重视，为美术教育的发展创造了新的机遇。

一、美术教育领域的发展变化

美术教育既是素质教育的重要内容，也是职业教育的主要科目，肩负着培养新时代所需高质量人才的重任。随着社会的发展，我国美术教育也在不断地发展变化，主要体现在以下两个方面。

（一）社会群众性的美术教育

社会群众性的美术教育工作越来越受到重视，通过各种方式和渠道，广泛普及美术知识，提高整个社会的文化素养和审美水平，已成为专业美术教育的重要补充。中国美术家协会及所属各基层组织、各地方群众艺术馆等单位在普及美术教育、开展群众性美术活动和培养人才方面，也发挥着越来越重要的作用。

（二）美术院校的美术教育

美术院校的美术教育，适应社会的需要，在教学内容、教学方法和培养目标上也有相应的调整，加强多种能力的培养，使学生走向社会后具有更强的适应能力，在全国各地均受到一定的重视。

二、美术教育存在的问题

（一）学校重视程度不够

部分教师仍然片面看重文化课程教育，认为只有学好文化课才能帮助学生更好地发展，长此以往容易忽视美术教育的重要作用。再加上高中学校都面临着高考压力，教师也不太重视美术课程的开设，某些学校甚至未能开设美术课，平时学生只能按照文理分科学习相关科目。美术课在学校得不到教师的重视，学生也很难获得优质的美术教育机会。学校的教育功利性太明显，对美术素养的培养不够重视，已经成为部分中学的常态化问题，这类问题在短时间内很难得到改变。

（二）美术教育设备不足

美术教育本身不受学校重视，因此很多中学的学校领导不太重视优质美术教学设备的投入。美术教学活动中需要的画册、图片、多媒体设备经常残缺不全，某些学校甚至没有配备专业的美术教学资料和设备，导致美术教师没有能够利用起来的实物，空洞的语言描述无法感染学生。平时学校也没有组织学生定期参加画展或者能够与作品交流的相关活动，美术课程如同虚设，更谈不上提高学生的综合素养。教育设备的投入不足，学生的艺术创作行为难以展开，美术教育面临着重重困难。

（三）教师素养有待提升

人才的培养离不开教师，一名具有专业水平且要求较为严格的教师，基本上能培养出优秀的人才。但是从中学美术教育行业反馈的情况可知，具有专业资质的中学美术教师少之又少，而留在学校任教的部分美术教师，虽然拥有一定的教学能力，但是在个人的思想、修养方面还未达到行业标准。为了减少创新带来的麻烦，部分教师基本上奉行老一套的教法，在进行简单的创作讲解后，随即要求学生临摹物品，无法做到方法指导，学生难以掌握创作要领。再加上教师的理论知识不够深厚，就更难将"干货"给到学生。

第二章　中学美术教学

　　教育，狭义上是指专门组织的学校教育；广义上是指影响人的身心发展的社会实践活动。教学是教师的教和学生的学所组成的一种人类特有的人才培养活动。通过这种活动，教师有目的、有计划、有组织地引导学生积极自觉地学习和掌握文化科学基础知识和基本技能，促进学生全面发展，使他们成为社会所需要的人。教学与教育是部分与整体的关系，教学是学校教育的基本途径，学校教育目的的贯彻落实和各种教育任务的完成主要是通过教学途径实现的。中学美术教学是中学美术教育的重要组成部分和实现途径。本章分为中学美术课程标准、中学美术教学大纲、中学美术教学基本原则、中学美术教学目标、中学美术课程的内容、中学美术教材分析六部分，主要包括《义务教育艺术课程标准（2022年版）》解读、美术教学大纲的内容、审美性原则、从时限分析、初中阶段、美术教材的作用和特点等内容。

第一节　中学美术课程标准

　　课程标准是规定某一学科的课程性质、课程目标、内容目标、实施建议的教学指导性文件。换言之，"课程标准"就是对学生在经过一段时间的学习后应该知道什么和能做什么的界定和表述，实际上反映了国家对学生学习结果的期望。课程标准通常包括几种具有内在关联的标准，主要有内容标准（划定学习领域）和表现标准（规定学生在某领域应达到的水平）。

一、《义务教育艺术课程标准（2022年版）》解读

（一）核心素养

核心素养是课程育人价值的集中体现，是学生通过课程学习逐步形成的适应个人终身发展和社会发展需要的正确价值观、必备品格和关键能力。艺术课程要培养的核心素养主要包括审美感知、艺术表现、创意实践、文化理解。

四大核心素养发挥着不同的作用。从分类来看，审美感知和文化理解偏向艺术欣赏，艺术表现和创意实践偏向创作。在审美感知的基础上，在特定文化情境中理解艺术作品，则生成文化理解素养；艺术表现是基础实践能力，结合现实生活情境进行艺术创新和实际应用则走向创意实践。因此，文化理解和创意实践素养的生成难度相对更高。四大核心素养相互支持，构成艺术课程完整的核心素养体系。

尽管作用不同，但在育人和教学的过程中，四大核心素养是相互融合和转化的关系，如同一个风车，当艺术实践活动开始的时候，会带来风车的动力，带动素养培养，而每项活动对各个素养培育的倾向性不同。与此同时，这四大核心素养和其他课程要培养的素养也具有一定关联性，如《义务教育语文课程标准（2022年版）》提及的核心素养中有"审美创造"和"文化自信"，《义务教育英语课程标准（2022年版）》提及的核心素养中有"文化意识"。值得注意的是，其他学科鲜有涉及创意实践素养，可见核心素养的确立也是根据每个学科的特性而定的，旨在发挥各个学科的优势，共同达成"立德树人"的育人总目标。

（二）内容结构

在2022年版课标中，美术课程内容进行了系统化、结构化的编排。课程内容以艺术实践为统领，细分为四大艺术实践活动，设置了不同的学习任务，将学习内容嵌入学习任务。

核心素养的生成需要通过不同类别的艺术实践活动，而学习任务是艺术实践活动的细化和具体指令，经由学习任务可促进基础知识与技能等学习内容的建构，实现从知识本位到素养本位的真正转变。

在2022年版课标中，"艺术实践"虽为新概念，但与2011年版美术课标的"学习领域"内容一致，分别是"欣赏·评述""造型·表现""设计·应用""综合·探索"，从学习领域到艺术实践活动的名称变更体现出教育理念的更新。学习领域为静态，实践活动为动态。"艺术实践"的提出强调了艺术课程的实践性，

呼应了 2022 年版课标的课程理念中提出的"强调艺术课程的实践导向，使学生在以艺术体验为核心的多样化实践中，提高艺术修养和创造能力"。此外，四个艺术实践活动中，"综合·探索"是一大亮点。在 2011 年版美术课标中，"综合·探索"领域鼓励在美术学习领域之间、美术与其他学科、美术与社会等方面开展综合性活动。在素养导向的背景下，2022 年版课标的"综合·探索"实践活动包括了美术内部、美术与姊妹学科、美术与其他学科、美术与社会等维度的综合，以不同层次的"跨"促进学生的知识整合，提升其问题解决能力。

学习任务成为内容学习的驱动力，体现了"以用带学"而非"以学待用"的理念。因此，学习任务是落实"做中学"的有效抓手，"艺术实践"则是"做中学"的方向标。

二、《普通高中美术课程标准（2017 年版 2020 年修订）》解读

普通高中教育在整个国民教育体系中有着独特的地位和价值。它是基础教育的有机组成部分，继续为学生的终身发展奠定基础。同时它又与高等专业教育（大学）阶段相衔接，对于学生接受高等教育有着重要的意义。《普通高中美术课程标准（2017 年版 2020 年修订）》在目标的设定方面，面向已接受过义务教育阶段美术学习的学生，因此无论是在美术学习的方法和过程、美术创作与鉴赏的知识和技能、美术学科与其他学科的联系方面，还是在情感、态度和价值观等方面都提出了比义务教育阶段美术课程更高的要求。

（一）核心素养

学科核心素养是学科育人价值的集中体现，是学生通过学科学习而逐步形成的正确价值观念、必备品格和关键能力。美术学科的核心素养主要包括图像识读、美术表现、审美判断、创意实践和文化理解五个方面。

在"图像识读"方面，美术本身具有视觉性的特点，所以它突出了此特点，注重培养学生的图形识读能力，分别对美术作品、图形、影像及其他视觉符号有一个正确的解读和认识。

在"美术表现"方面，美术的学习是一个从看到做的过程，所以在引导学生欣赏作品的同时，需要对作品的技法、材料、美术语言等有一个具体的认识。在此基础上，学生选取不同的媒材、技术和美术语言来表现其所见所闻、所感所想，创作视觉形象。

在"审美判断"方面，审美判断指对美术作品和现实中的审美对象进行感知、评价、判断与表达。

高中生经过义务阶段的学习已经对"美"有了深入的认识和理解，但是义务阶段更多强调的是感受，而高中阶段则需要引导学生感受和认识美的独特性和多样性，用形式美原理和其他美术知识对艺术作品进行评价，对学生的分析和评价能力有了进一步的要求。

在"创意实践"方面，在新课程改革的浪潮下，创新精神已成为每一位学生必备的能力，而培养学生的创新精神和实践能力则成为每一位教师的基本要求。美术课则是培养学生创新精神和实践能力的重要途径。

创意实践是指在美术活动中形成创新意识，运用创意思维和创作方法，尝试创作有创意的美术作品。

在"文化理解"方面，美术学科本身是一个人文性的学科，画家在创作艺术作品时会从背景、政治、文化等方面入手进行创作。而当我们欣赏美术作品时，也需从文化的角度观察和理解美术作品、美术现象和观念，并且认识到中华优秀传统美术的文化内涵及其独特的艺术魅力，坚守中华文化立场，坚定文化自信。

（二）内容结构

本课程标准依据美术学科的媒材特性和技法特点划分学习内容，帮助学生更好地形成美术学科核心素养。在综合考量美术通行的分类方式、教师的专业背景以及普通高中美术课程实施效果的基础上，笔者按照美术门类将学习内容划分为美术鉴赏、绘画、中国书画、雕塑、设计、工艺和现代媒体艺术七个学习模块。

依据普通高中课程方案的要求，可采用必修课程、选择性必修课程与选修课程相结合的课程组织形式，能够增强课程的选择性。选修课程是根据学生需求与升学考试要求设置的课程。

第二节　中学美术教学大纲

一、美术教学大纲的内容

一般来说，美术教学大纲的许多基本内容是有其稳定性的。

（一）论述美术学科的性质和地位

从各个时期颁布的中学美术教学大纲看，大多开宗明义地论述到美术学科的性质和地位。它往往决定着大纲对美术教学目的、内容、要求、原则、方法等的规定。

例如，2000 年颁布的《九年义务教育全日制初级中学美术教学大纲（试用修订版）》中，大纲前言首先指出："初中美术课是九年义务教育阶段一门必修的艺术文化课程，是学校实施美育的重要途径。它对于陶冶情操，提高美术文化素养，培养创新意识和实践能力，促进学生德、智、体、美、劳全面发展，具有重要作用。"

（二）规定美术教学的目的

教学目的的规定，是大纲中最重要的一项内容。美术教学的目的是：以审美教育为核心，培养学生健康的审美情趣和感受、体验、鉴赏艺术美的能力，树立正确的审美观念；同时进行思想品德教育，陶冶情操，提高修养；提高学生对美术的兴趣，开阔视野，启迪智慧，促进学生身心全面健康发展。

（三）说明美术教学内容和要求

大纲中的美术教学内容和要求也即具体的美术教学任务，它必须具体化到各个年级之中，这实际上就是教学目的的一种具体化、类别化、阶段化。有些美术教学大纲，还将其具体的教学内容和要求包括哪些基本课业及各课业的大体比例关系是多少，用图表的方式加以说明。

1992 年颁布的《九年义务教育全日制初级中学美术教学大纲（试用）》中，其"教学内容和要求"就用图表的方式体现了绘画占 45%～50%、工艺占 35%～40%、欣赏占 15% 的三大课业的大体比例关系。其一年级的具体"教学内容和要求"是：①欣赏中国优秀美术作品；②初步了解美术分类的知识；③学习平行、成角透视知识，用线条表现物体的结构；④学习用线条表现物体的知识和技能，作简单的写生练习；⑤初步学习人体结构知识，进行铅笔人物速写练习；⑥初步了解中国写意花鸟画的知识，进行花鸟画小品临摹；⑦学习基础图案、平面构成及应用设计知识，并进行练习；⑧利用黏土、橡皮泥、石膏等材料进行小型雕塑制作。

（四）阐释美术教学的原则和方法

这两点在《九年义务教育全日制初级中学美术教学大纲（试用）》中体现为"选择教学内容的原则"与"教学中应该注意的问题"两个方面。关于前面一点，笔者认为主要是针对"为适应不同地区和学校的实际情况，艺术教材应有不同风格、不同层次和特色的多种版本。凡有条件的地方、团体和个人都可以依据教学大纲或教学参考大纲，结合地区和民族的特点，编写各种富有特色的艺术教材"来提的。它还包括"遵照大纲的规定，各地方与各位美术教师都要按一定的比例补充乡土教材以及具体教学时教师对其内容的选择要做到少而精"等。

（五）其他

这方面反映在《九年义务教育全日制初级中学美术教学大纲（试用修订版）》中，则主要体现为"积极改善美术教学条件"与"美术教学评估"等内容。这些也是很重要的。就"积极改善美术教学条件"而言，由于美术教学需要一定的条件，所以只有努力积极地改善教学条件，才能不断提高教学质量，更好地完成教学任务。目前已有不少教师对此问题进行了积极探索并取得了初步成效。

"美术教学评估"，这是以往大纲中有意淡化的一个内容。如在《九年义务教育全日制初级中学美术教学大纲（试用）》中，它只是在"教学中应注意的问题"中提出了"学业考核以平时成绩为主，考核可采取多种方式"。以往的大纲之所以做这样的"淡化"处理，原因是多方面的，但美术学科没有应有的地位而导致其自身发展不完善不能不说是一个重要的原因。随着我国实施素质教育，美育有了应有的地位，美术教育也得到了空前的大发展，其教学评估已成为当前美术教学中不可或缺的组成部分。因此，在《九年义务教育全日制初级中学美术教学大纲（试用修订版）》中弥补了这一缺憾，也使新大纲较以往大纲在内容上显得更加科学、完整、充实。其说明的问题主要包括教学评估的目的、教学评估的对象、教学评估的依据、美术教学评估要突出学科特点、对教师评估应注意的问题、对学生评估应注意的问题及评估方式等。

通过上述美术教学大纲内容的分析，我们不难看出其教学大纲的结构一般包括说明、正文（或称大纲本文）两个部分。教学目的、选择教学内容的原则以及教学中应该注意和重视的问题等为说明部分；教学内容与要求以及各年级分列的内容与要点为正文部分。

二、美术教学大纲的执行

美术教学大纲一经颁布，就成为法规性、指令性的学科文件，教育行政部门和学校就应该组织或要求教师学习，不仅要大纲在手，而且要内容知晓。现行中学美术教学大纲沿革已久，是几十年来中学美术教师教学经验的总结，是广大美术教育工作者集体智慧的结晶。美术教师领会它的精神实质，就能在美术教育领域登高远望，成竹在胸，就能充分了解美术学科的性质、地位、目的、任务，切实把握美术教学的要求、内容、原则、方法，深刻通晓自己工作的重要性与作用，从而提高工作的自觉性与主动性，克服工作的盲目性与被动性，在美术教学实践方面取得更大的工作成效。

大纲不只是让人看，更主要的是让人照办。因此，它的各个部分、每个方面，都要求教师切实遵循，付诸实践。具体地说，教学目的应在教学实践中具体落实，教学内容与要求要在教学过程中把握，教学中应注意的问题应在备课、上课、总结中切实注重，各年级分列的教学要点应分学年、分学期、分单元、分课题、分课时逐步达到。大纲为教学活动提供了便利条件，但条件的利用和作用的发挥，在很大程度上取决于教师遵循大纲的实际行动与实践水平。总之，贯彻执行大纲的要点是：一要认真学习；二要切实遵循；三要灵活运用。

美术教学大纲来自教学实践，指导教学实践，同时也经受实践的检验而逐步完善。新中国成立以来的多次中学美术教学大纲的制定—实施—再制定的过程，也就是其不断完善的过程。因而一切关心中学美术教学的人们，都可以在中学美术教学大纲实施执行的过程中发现问题、提出问题、分析问题，并且寻找解决问题的参考方案，或者是将有关信息及时向制定大纲的教育行政部门如实反映，为大纲的不断完善献计献策。

第三节 中学美术教学基本原则

中学美术教育的主要任务是对学生进行审美教育，提高学生的审美文化素养，并且要时刻将提高学生的审美能力作为主线贯穿美术教学活动的始终。审美教育是中学美术教学的首要任务，它起着决定本学科教育性质的作用。

一、审美性原则

贯彻审美性原则，应该做到以下两点：

第一，把审美教育作为一条主线贯穿美术教育工作的全过程，即要求教师从备课、上课到作业批改、课外美术活动辅导及教学总结，都应该注意给学生传授审美知识，使其树立正确的审美观念，培养他们认识美、创造美和应用美的能力。

第二，把审美教育同思想教育和传授知识、技能训练结合起来，充分发挥美术教学在陶冶美的思想情感和培养高尚的道德品质方面的特殊作用。

二、兴趣性原则

兴趣是最好的老师。教师应当按照学生认识发展规律、美术学习心理的特点安排教学活动，尤其要采用适合学生特点的教学策略、教学艺术，采用多种教学媒体、方法和手段，使学生对教学内容、教学过程产生兴趣，从而使教学的学科知识逻辑与学生心理逻辑完美结合。

三、直观性原则

美术教学中首先要求的是以现实生活为基础，而美学问题、技巧问题又往往很难用语言表达清楚，这就只有借助直观教学的手段引导学生深入地观察、感知客观现象去形象地认识世界。如把握构成美术的基本因素——形体、比例、结构、空间、明暗、色彩、笔、墨、线条等，才能获得较明确的概念。美术是一门视觉艺术、造型艺术，它更多地借助"看"——这就决定了美术教学具有直观性原则。许多技巧技能等绘画方面的知识是语言很难表达清楚的，必须借助直观的形象或语言，才能使学生获得较明确的认知。

这就要求教师在贯彻直观性原则时，应尽力做到：①语言的表述应形象、生动，口齿清晰，讲解应深入浅出，简明扼要；②要尽量采用多种直观教学手段，如实物直观、模像直观、示范直观等，并能做到把握好关键内容，适时展现；③要教给学生掌握感知物象的正确方法和培养他们的艺术感知能力。

四、启发性原则

教与学是教学过程中的一对基本矛盾，而教是矛盾的主导方面，教师必须启发学生积极思维，以调动其学习的自觉性、积极性。"填鸭式"的满堂灌是起不到美术教学效果的。

贯彻启发性原则，要求教师做到：①教师必须胸中有学生。班上有多少学生，他们对美术课学习的兴趣如何，掌握的知识、水平情况如何，教师应心中有数，教学时方能做到有的放矢。②启发学生的思路要定向，前后所提问题要有连贯性，而且只能围绕主题进行，否则会漫无边际，无法收拾。③不墨守成规。即所提问题的方式、方法要多一些，形式变化要大一些，以拓宽学生的思路。

五、精讲善练原则

中学美术教学内容多属技能型的内容，而技能应多练、苦练，但每课时只有45分钟，教师要腾出尽量多的时间让学生练习，不精讲就完不成教学任务。"精讲"，就是要求教师在充分准备的情况下，高质量地少讲，把所用之道理讲清楚，把重点、难点讲透，把方法、步骤和要求讲准确，以达到指导"善练"的目的。"善练"，就是在正确理论的指导下，有明确的训练目标，有严格的训练计划、方法步骤，按质按量地完成规定的学习内容。

贯彻精讲善练原则，要求教师做到：①明确所讲理论与其指导实践的关系，绝不能为讲而讲，更不能有与练无关的讲。②精讲善练，讲是关键。讲的内容是为了解决学生的认识问题，是为了调动学生的学习积极性，引导学生认真地多练、苦练，使练的方法步骤正确，达到"善练"的目的。因此，对于"讲"，要求精练、概括、扼要，要有真知灼见和规律性的知识。③在学生练习时，教师要充分发挥主导作用，认真做好辅导工作，即在学生练习时，教师要认真巡视，看学生是否真正理解了所学知识，能否运用于指导实践；学生是否理解了训练的目的、要求和作画的方法步骤；学生观察、理解事物的方法是否合理；学生对工具材料的掌握和运用是否恰当等，并且教师要及时地予以辅导、肯定或改正。

第四节　中学美术教学目标

中学美术教学目标是一个多元的、分级分层的集合体，它的基本构成要素可以从两个层面加以分析。

一、从时限分析

从时限分析中学美术教学目标，它的基本构成要素包括初中阶段的目标、高中阶段的目标、年级目标、学期目标、单元目标、课题目标、课时目标等。

这是一个系列，也可以说是一个具体化的过程。中学美术教学目标是高度概括的一个整体，是总的目标。初中阶段的目标、高中阶段的目标、年级目标、学期目标、单元目标、课题目标、课时目标是整个中学美术教学目标的具体化。确立这些目标要根据整个中学阶段的教学目标。它们的关系是：短时限目标受长时限目标的制约；长时限目标靠短时限目标落实；长时限目标是短时限目标的概括化；短时限目标是长时限目标的具体化。

值得指出的是，在初中、高中的教学大纲中，其"教学内容与要求"或"教学内容"可以说是教学目标的具体化。年级、学期、单元、课题、课时的教学目标要在教学大纲精神与整体的教学目标的基础上，结合具体的教学内容、重点、特点以及学生的实际情况来确定。

二、从组合要素分析

中学美术教学目标具有双层次结构，即美术教学的一般目标与美术教学的具体目标。

（一）一般目标

美术教学的一般目标包括智育目标、德育目标、美育目标。

1. 智育目标

一般来说，美术教学属于美育的范畴，但它却与智育相互联系、相互渗透，尤其是在中学教育的全面发展过程中。因此，如何增长学生的知识、如何发展学生的智力，也就成了美术教学的目标之一。

美术教学中包含许多知识，如美术基本理论知识、美术史的有关知识、美术鉴赏知识及一些审美方面的知识等。另外，无论是写生、创作还是欣赏美术作品，其中都蕴含着许多自然科学知识和社会科学知识。美术教学中还包含许多智力开发教育，如观察力、记忆力、想象力、思维力等的开发教育。

目前科学界对人脑左右半球功能的研究成果表明，只有左右脑相互协调发展，人脑的发展才是健全的，才能最大限度地容纳知识和发展智力。另外，有学者还发现"人的大脑有高度的可塑性，即使一个半球被切去，另一个半球有可能补偿被切去的那个半球的某些功能"，由此得出的结论是"在中小学里不能只依靠智育来发展学生的智力，也要依靠美育来发展学生的智力""对中小学生有目标、有计划地进行智育与美育，能使大脑半球得到充分发展"。

关于美术教学与智育学科的相互联系与相互促进关系，美国康涅狄格州乌卡斯维尔市圣·伯纳德高级中学的美术教师约翰·高洛多诺维兹讲得既生动又确切，他说："和法语或西班牙语一样，美术是一种能够学习和弄懂的语言。它是一种通过学习和实践可以学会读与说的交流另式。""像科学一样，美术也是以自然法则和要素间的紧密联系为基础的。""像数学一样，美术具有确定的逻辑性、可证明性，清晰的结构。""像物理一样，美术需要一种视觉的和谐，训练一个人的眼睛认真并有规律。""像社会科学一样，美术促进意识和对人类、对文明的认识。"

2. 德育目标

美术教学不是德育，但它包含德育的内容与任务。

作为美术教学一般目标之一的德育目标，可以说贯穿美术教学的全过程，体现在内容、过程中，也体现在目标上。这是由我国社会主义美术教育方向及其教育性质、培养目标所决定的。同时，这种在一切教育中都要渗透德育并包含德育目标的教育事实，已为古今中外一切社会的教育历史所证明。

另外，不少教育家、思想家在此方面都做过大量论述。王国维曾指明："美育者一面使人之感情发达，以达完美之域；一面又为德育与智育之手段，此又教育者所不可不留意也。"[①] 鲁迅先生则更是针对美术教育直接指明："美术可以辅翼道德。"

3. 美育目标

美术教学与美育的关系，与智育、德育相比更为密切，而且美术教学"是学校实施美育的重要途径"。美术教学包含美育的目标，甚至这种目标是深层次的，但不等于说美术教学等同于美育。

美育即审美教育的简称，又称为美感或美学教育。作为美术教学一般目标之一的美育目标，是贯穿美术教学全过程的。它一方面融入美术教学的内容、方法，另一方面又融入美术教学的目标。美育和美术教学的关系，从教育总体上看可视作内容与形式、目标与手段的辩证关系；若从美术一科看，则可理解为"教育活动形式的一定方面，或者特殊部分"。概括地说，美育目标主要体现在以下四个方面。

（1）树立正确的审美观

审美观即人在社会实践活动（主要是审美与艺术活动）中形成的对美、审美、美的创造与发展等问题所持有的基本观点（包括标准、趣味和理想等），是世界观、人生观的重要组成部分或反映。它主要受社会的、民族的、阶级的影响，也与个人的个性有关联。

---

① 曾繁仁. 美育十讲 [M]. 济南：山东教育出版社，1990.

在美术教学中使学生树立正确的审美观，主要是通过为艺术品中所反映出来的自然美、社会美和艺术美的内容与形式的感受、鉴赏，以及艺术创作（完成作业）过程中的审美情趣流露与审美理想追求等来培养与实现的。其特点是"寓教于乐"，凭借形象的感染力而潜移默化地发生作用。

（2）培养审美感受力

《九年义务教育全日制初级中学美术教学大纲（试用修订版）》明文规定，要充分发挥美术教学情感陶冶的功能，努力培养学生健康的审美情趣，提高学生的审美能力。

审美能力之一便是审美感受力。审美感受力即由客观对象的审美属性引起的人感情上愉悦的心理状态和直接的审美感觉的能力。在美术教学中，对这种审美感受力的培养，主要表现为对审美对象（包括自然的、社会的、艺术的）形式整体的直接把握与领悟，从而产生一种审美愉悦。因此，这种审美感受力的获得，是通过直观感受领悟形式中的内涵，而不是一般的智力认识来实现的。大量美术教学事实证明，这种审美感受力是可以培养、训练、提高的。

（3）培养审美鉴赏力

审美鉴赏力是审美能力的一种，即对审美对象的鉴别与评价的能力。它包括对审美对象的美丑的识别，也包括对审美对象的审美性质的深刻理解，还包括对审美对象的类型、形态的领悟与鉴别程度，并能给予审美评价。审美鉴赏力较审美感受力的层次要高，且理性因素相对突出。

在美术教学中，对审美鉴赏力的培养主要是通过传授有关的审美知识、美术史论知识、美术欣赏与创作的知识来进行的。值得指出的是，这种审美鉴赏力的形成与发展，又与阶级的、民族的、时代的审美意识影响以及个人的审美经验、审美情趣、审美理想的渗透紧密联系在一起。

（4）培养审美创造力

审美创造力是审美能力的一种，指对美的想象力、表现力，也即创造美的能力。这也是初中、高中大纲中明文规定且强调要培养的一种重要能力。

在美术教学中，审美创造力的培养主要体现在美术鉴赏中的审美想象力和美术创作中的审美想象力、审美表现力上，如欣赏中形象的"再造想象"与"创造想象"、创造中形象想象的构思与形象的表现等。

上述四个方面就是美育目标的基本内容。这四个方面的相互联系与相互作用，表现为以审美观为核心，以审美感受力、审美鉴赏力、审美创造力为手段的培养关系。

若将美术教学的一般目标运用于具体的美术教学中，则正好反映了初中、高中教学大纲的基本精神："初中美术课是九年义务教育阶段一门必修的艺术文化课程，是学校实施美育的重要途径。它对于陶冶情操，提高美术文化素养，培养创新意识和实践能力，促进学生德、智、体、美全面发展，具有重要作用。"高中"艺术教育是实施美育的重要途径，对于培养德、智、体等方面全面发展的社会主义事业的建设者和接班人，塑造完美的人格，提高全民族的素质，具有不可替代的作用"。

（二）具体目标

美术教学的具体目标是教师通过美术教学使学生的美术水平、美术心理素质、美术鉴赏力得到提高与发展。

1. 提高美术学科核心素养

学科核心素养是学科育人价值的集中体现，是学生通过学科学习而逐步形成的正确价值观、必备品格和关键能力。美术学科核心素养，主要包括图像识读、美术表现、审美判断、创意实践和文化理解。

（1）图像识读

图像识读指对美术作品、图形、影像及其他视觉符号的观看、识别和解读。

通过本课程的学习，学生能以联系、比较的方法进行整体观看，感受图像的造型、色彩、材质、肌理、空间等形式特征；以搜索、阅读、思考和讨论等方式，识别与解读图像的内涵和意义；从形态、材料、技法、风格及发展脉络等方面识别图像的类别；知道图像在学习、生活和工作中的作用与价值，辨析和解读现实生活中的视觉文化现象和信息。

（2）美术表现

美术表现指运用传统与现代媒材、技术和美术语言创造视觉形象。

通过本课程的学习，学生能形成空间意识和造型意识；了解并运用传统与现代媒材、技术，结合美术语言，通过观察、想象、构思和表现等过程，创造有意味的视觉形象，表达自己的意图、思想和情感；能联系现实生活，结合其他学科知识，自觉运用美术表现能力，解决学习、生活和工作中的问题。

（3）审美判断

审美判断指对美术作品和现实中的审美对象进行感知、评价、判断与表达。

通过本课程的学习，学生能感受和认识美的独特性和多样性，形成基本的审美能力，显示健康的审美趣味；用形式美原理和其他知识对自然、生活和艺术中的审美对象进行感知、描述、分析和评价；通过语言、文字和图像等方式表达自己的审美感受，用美术的方式美化生活和环境。

（4）创意实践

创意实践指在美术活动中形成创新意识，运用创意思维和创造方法。

通过本课程的学习，学生能养成创新意识，学习和借鉴美术作品中的创意和方法，运用创造性思维，尝试创作有创意的美术作品；联系现实生活，通过各种方式搜集信息，进行分析、思考和探究，对物品和环境进行符合实用功能与审美要求的创意构想，并以草图、模型等予以呈现，不断加以改进和优化。

（5）文化理解

文化理解指从文化的角度观察和理解美术作品、美术现象和观念。

通过本课程的学习，学生能逐渐形成从文化的角度观察和理解美术作品、美术现象和观念的习惯，了解美术与文化的关系；认识中华优秀传统美术的文化内涵及独特艺术魅力，坚守中华文化立场，坚定文化自信；理解不同国家、地区、民族和时代的美术作品所体现的文化多样性，欣赏外国优秀的美术作品；尊重艺术家、设计师和手工艺者及其创造的成果和对人类文化的贡献。

2. 提高美术心理素质

美术心理素质就是人对造型艺术的感知、体验与创造的素养。它包括艺术的观察、想象、形象思维以及情趣、意志等个性发展方面的水平与能力。它是通过美术教学使学生获得审美的美术文化素质的重要内容与内化方面，又是影响创造力、美术鉴赏力发展的基础，同时还是影响学生自觉地形成自学美术的习惯与能力的"内驱力"。所以，在中学美术教学中，教师要特别注重培养、提高、发展学生的美术心理素质。

3. 提高美术鉴赏力

培养与提高学生的美术鉴赏力是美术教学的第三个具体目标，也是初中、高中美术教学大纲的教学目标与要求之一。美术鉴赏学习不仅可以提高学生的美术基础理论水平及运用知识的能力，还可以提高学生的文化素质、丰富学生的生活经验、陶冶学生的思想情操以及加强学生的政治道德修养等。

综上所述，笔者认为中学美术教师只有明确了其教学目标基本构成或者其教学目标系统，才能从整体上全面、深入地理解中学美术教学的性质，认清教育的方向；才能自觉地用美术教学目标来规范与指导具体教学工作，围绕教学目标来备课、上课以及进行课外美术活动、教改、科研等。

第五节　中学美术课程的内容

一、初中阶段

（一）"造型·表现"领域内容

造型是表现的基础，表现则是造型的过程，这是一体两面的关系。初中"造型·表现"领域的课程内容为：有意识地运用形、色、肌理、空间和明暗等美术语言，选择恰当的工具和材料，以绘画和雕塑等形式，探索不同的创作方法，发展具有个性的表现能力，传递自己的思想和情感。

该领域涵盖面很广，包括了传统的绘画、雕塑等几大门类，还包括了一些新的造型活动。绘画、雕塑和工艺是我国长期以来学校美术教育的主要内容。过去这方面的规定比较细，要求也比较高，初中学生要在规定课时内完成相当数量的教学内容，特别是绘画这一块，从实践来看，这是不切实际的。仅以基本技能为例，如果教师将那些技能讲解、演示一遍，恐怕100多课时都未必够用，哪里还能奢望让学生"较熟练地"掌握某种技能呢？学生往往刚将工具铺陈开来，还没动手涂抹几下，下课铃声就已经响了。这种学习非但不能达成美术教育的目标，相反只会增加师生的痛苦。

"造型·表现"领域把与造型活动有关的美术活动，如绘画、雕塑、手工以及各种形式的造型游戏都纳入其中，同时以建议的形式呈现，这种处理非常富有弹性，因为既然是建议，就可以根据实际情况或采纳，或整合，或放弃，或增加，这部分内容淡化了过于强烈的学科特色，注重突出学生的行为方式，引导学生有意识地运用形和色，个性化地表达自己的观念和情感，加强了与实际生活的联系。

（二）"设计·应用"领域内容

初中"设计·应用"领域的学习内容是：了解主要的设计类别和功能，运用对比与和谐、对称与均衡、节奏与韵律、多样与统一等组合原理，利用媒材特性，进行创意和设计，美化生活，形成初步的设计意识。

这一领域的内容比较繁杂，包括了现代设计基础和传统工艺美术各个部分。现代设计基础包括平面构成、立体构成、色彩构成、工业设计、视觉传达设计、环境设计、服装设计以及电脑设计等，传统工艺美术则包括基础图案、金属工艺、竹木工艺、编结工艺、纸工、泥工、陶艺以及各种民间工艺制作等。从内容标准与活动建议可以看出，该部分内容注重与学生生活的密切联系，注重学习内容与实际应用的紧密结合，致力于培养学生的设计意识和实际动手能力。

（三）"欣赏·评述"领域内容

初中"欣赏·评述"领域的学习内容是：多角度欣赏与认识自然美和美术作品的材质、形式及内容特征，获得初步的审美经验和鉴赏能力，初步了解中外美术发展概况，尊重人类文化遗产，能对美术作品和美术现象进行简短评述。

人们对于视觉艺术的爱好和学习，大多是从看画开始的。有意识地看画，其实就是一种美术欣赏活动，在这一活动过程中，欣赏者把个人的阅历和学识投射到历代的艺术作品中，进行某种视觉交流。而且，与文学或音乐相比，绘画和雕刻使人们觉得更能传达艺术家的个性：每一笔、每一触都记载了艺术家的特征，不管他要遵守的陈规是如何的严厉。因此，学术的风格成为一种分辨品评的工具，其微妙与精细是无与伦比的。

另外，还有艺术中的意义问题。这一个问题向我们模糊的感受挑战。艺术作品本身不能告诉我们它自己的故事，而是要经过不断的探求，利用文化史上的各种资料，上至宗教，下至经济学的帮助，才能使它吐露消息。这不仅适用于遥远的过去，也适用于21世纪……艺术史家的工作因此是综合的，可以解释人类经验的各方面。在这个知识逐渐专门化与分裂化的时代，艺术史将使人们产生很大的兴趣。

但是，欣赏并不是一件简单的事情，仅满足于用眼睛愉悦地看看是远远不够的，它还要求我们从多个角度去探究作品的内容和形式，理解作品的图像学意义和风格学意义，把握作品的母题、精神、风俗、风格等交织而成的深层象征。欣赏和理解艺术作品，其实是一个从感性到理性的认识过程。在这一过程中，学生应该学习用口头语言或书面语言将自己的感受和认识传达出来，与他人交流和分享，这种"评述"活动一方面可以提升学生对作品的理解和认识，另一方面有利于学生进行主动的探究学习，掌握欣赏评述的基本方法，学会从各种角度——形式的、风格的、传记的、历史的、文化的角度，全面理解艺术品。

"欣赏·评述"领域的内容，在不同学段也是逐步递进的。例如，第一学段的评述，希望学生用简单的词语表达感受，第二学段提高为用恰当的词语或短句表达感受，第三学段学习使用简单的美术术语描述美术作品和表达自己的感受，第四学段上升为使用自己的语言描述作品意义和审美特征。

（四）"综合·探索"领域内容

初中"综合·探索"领域的学习内容是：调查了解美术与传统文化及环境的关系，用美术的手段进行记录、规划和制作；通过跨学科学习，理解共同的主题和共通的原理。

"综合·探索"领域的设置，是美术课程改革的一大亮点，体现了国家基础教育改革的基本精神。该领域的内容分为三个层次：第一，美术各个学习领域内容的综合，也就是把"造型·表现""设计·应用""欣赏·评述"内容的有机融合；第二，美术与其他学科，如与音乐、戏剧、文学等艺术学科，与历史、地理等人文学科，与数学、物理等学科的有机融合；第三，美术与生活、文化、科学、情感等的有机融合。可见，"综合·探索"不仅致力于美术学科内部各专门内容的综合，还强调与其他学科以及广泛的人文、科学等的交融。美术课程中的这种"综合·探索"是以美术为起点和归宿的，保持了美术相对独立的个性。此外，我国目前还有一种综合艺术课程，统摄了音乐、美术、戏剧、舞蹈多门学科。该课程的内容主要体现为两大类，从艺术门类上指音乐、美术、舞蹈和戏剧，从学科内容上指美学、艺术批评、艺术史和艺术创作。它主要有两种模式：其一是"一科切入、兼及数科"，即以音乐、舞蹈、美术、戏剧中的某一学科内容为主，适当兼容其他学科内容；其二是"多科综合"，即围绕一个人文主体或艺术要素，把音乐、舞蹈、美术、戏剧等各学科中的相关内容完全综合在一起。在不同的学段，"综合·探索"领域的内容是螺旋式递进的。

二、高中阶段

（一）必修

高中阶段美术课程的必修内容就是美术鉴赏。美术鉴赏是运用感知、经验和知识对美术作品和美术现象进行观察、体验、联想、鉴别与评价，获得审美经验，提高艺术品位的美术活动。

本模块学习内容由鉴赏基础和鉴赏内容等组成。①从材料、工具、技法或题材等方面区分不同的美术门类，并在现实情境中加以识别；知道中外美术史的基本脉络和重要风格、流派的代表人物及代表作。②了解美术创作的基本过程，学习美术作品审美构成的造型元素和形式原理，并用于分析、理解和解释美术作品。③掌握2～3种美术鉴赏的基本方法，联系文化情境认识美术作品的主题、内涵、形式和审美价值，并用恰当的术语进行解读、评价和交流。④辨析美术作品中存在的不同文化、品位和格调的差异，形成健康向上的审美情趣。⑤理解中国优秀传统书画和民间美术的造型语言、创作观念及文化内涵，并能将其综合运用于鉴赏过程之中。⑥了解近代以来中国美术的发展，以及新中国成立后讴歌党、祖国、人民、英雄的精品力作，探究民族文化传统的继承与发展关系。⑦运用比较法分析中外传统美术在材料技法、语言风格和创作观念等方面的不同。⑧了解现当代艺术的创作观念、创作手法和代表作品，认识现当代艺术的多样性。⑨通过了解不同历史阶段美术的社会功能与作用，理解美术创作与现实生活的关系、艺术家的社会角色与文化责任。⑩选择中外著名艺术家或当代美术现象进行专题研究，在调查、分析和讨论的基础上撰写评论文章，并通过宣讲、展示等方式发表自己的看法。

（二）选择性必修

1. 绘画

绘画是运用线条、明暗、色彩等手段进行描绘，创造出不同形态的艺术形象，以反映和表达作者的思想、情感和审美理想的美术门类。

本模块学习内容由速写、素描、油画、丙烯画、水彩画和版画等组成。①识别不同的画种（如速写、素描、油画、丙烯画、水彩画、水粉画、版画和中国画等），了解其不同的工具和材料；根据题材内容对绘画进行分类（如肖像画、风俗画、宗教画、历史画、静物画和风景画等），认识其各自的特征。②选择优秀作品进行临摹，通过整体而细致的观察、分析和比较，认识画家在造型、色彩、比例、构图和情境营造等方面的艺术匠心，以及作品的形象特征、表现方式和结构关系。③通过对静物、风景、人物等的写生训练，了解一般的绘画写生步骤和相关的绘画技巧，初步掌握1～2种绘画方法，运用线条、明暗和色彩基本准确地表现对象的形体、比例、结构、空间、色彩关系及人物动态。④认识构图在绘画表现中的作用和意义，运用不同的构图形式进行画面布局和安排，处理好画面的主次关系，掌握基本的画面构成规律，形成整体处理画面的能力。⑤通过对绘画作品的赏析，了解创作构思的过程和方法，运用再现、表现及象征等方式进行绘画创作的练习，将对生活的体验和认识带入创作的情境，表达自己的意图、思想和情感。⑥通过对自己的创作进行描述和讨论，并与名家作品进行比较，研究绘画创作的特点与表现规律，认识绘画表现形式、技巧、风格的特征，探索绘画与社会、历史和文化之间的关系。

2. 中国书画

中国书画是中华传统文化孕育出来的中国画、书法（含篆刻）艺术的统称。利用中国画、书写和钤印的材料、工具，以线造型、追求神韵、讲究意境是其鲜明的艺术特征。

本模块学习内容由中国书画材料工具及形式特点、中国画基础知识与技法、书法和篆刻基础知识与技法、中国传统书论和画论基础知识等组成。①了解并掌握中国书画必备的笔墨纸砚、中国画颜料、刻刀、印石和印泥等材料工具的使用方法，理解其独有的文化特性。②通过对中国画经典作品的赏析，知道中国画的不同门类、艺术风格，以及款识、题跋、钤印、装裱等在体现中国画艺术特征和审美趣味方面的独特作用。③通过对书法、篆刻经典作品的赏析，了解书法、篆刻作为中华传统文化象征的意义，认识书法、篆刻的种类和不同艺术风格，以及中国书法、篆刻艺术独特的学习和创作方式。④了解不同书体（如篆书、隶书、草书、行书和楷书等）、篆刻的基本技法和创作方式，通过书法、篆刻的临摹与创作练习，体悟中国书法、篆刻的艺术特征和审美趣味。⑤通过山水画、花鸟画和人物画的临摹和创作练习，学习中国画的笔法（如中锋、侧锋、顺锋、逆锋、点鬼、皴擦等）、墨法（如渲染、积墨、破墨等）和布局等，加深对中国画特有的艺术语言的理解。⑥选择合适的题材和主题，综合运用绘画、书法、篆刻等知识和技法，结合诗词意境进行中国书画创作，并运用中国书画的独特装裱方法，体验中国书画的完整创作过程。⑦通过专题展览、校园艺术节、网络作品展示等进行展示和交流，并运用所学的中国传统画论、书论基础知识和相关术语进行描述、分析、解释和评价，进一步激发学习中国书画的兴趣，加深对中国书画艺术的理解。

3. 雕塑

雕塑是利用一定的物质材料，通过雕、刻、塑、敲击、焊接、装配和编织等手段，创造出具有实在体积的艺术形象，借以反映社会生活、表达情感和思想的美术门类。

本模块学习内容由雕塑概述、中外传统雕塑和现代雕塑等组成。①认知雕塑具有不同的材质效果和立体造型的特点，分辨圆雕、浮雕和透雕等种类；了解雕塑发展的基本脉络和社会价值，以及雕塑与环境的关系。②学习运用描述、分析、解释和评价的方法，用相关术语从材质、造型、主题、表现手法、艺术风格、创作观念、象征寓意和文化背景等方面鉴赏雕塑作品，联系人文、历史等知识写出鉴赏报告。③选择某种雕塑样式或风格的经典作品为样本，研究其材料、工具、技法方面的特征以及雕塑家的创作观。通过临摹或实验性创作，学习雕塑技法，结合现实生活情境和有意义的主题（或社会热点问题），大胆创意，对照经典，不断完善，创作出自己的雕塑作品。④在学习过程中，不断反思自己的学习过程，写出有见地的创作小结，恰当地评价自己的作品，增强爱国情感，学会尊重人类文化的差异性和多样性。

4. 设计

设计是在造物活动中，根据一定的功能和审美要求进行创意性构想、计划的艺术门类。设计效果一般通过图样或模型的方式加以呈现。

本模块学习内容由视觉传达设计、产品设计和环境设计等组成。①通过观看和欣赏优秀设计作品，了解设计的概念与内涵、范围与种类，认识设计与生活的关系，知晓设计所具有的科技与艺术性、功能与生态性等基本特征。②学会恰当地使用设计术语，依据形式和内容的定位，从功能和审美的角度，通过讨论与交流的方式评价设计作品，表达自己的态度和观点。③以情境体验获得新的发现，运用联想、发散、归纳和逆向等思维方式，对形象进行组合、置换、变异、转化、正负形和矛盾空间等创意练习。④通过鉴赏优秀设计作品，认知视觉传达设计、产品设计和环境设计的完整设计过程，如确定任务或主题、绘制方案、合理选材、手工制作和评价验收等，并领悟特定形式显现的功能定位与审美倾向。⑤确定一个主题，搜集相关资料，运用绘图方式，选择招贴、标志、书籍、包装等设计种类中的一项，以特定的设计要素、方法、程序及合适的材料，学习以平面或立体等方式，完成图形和字体结合的视觉传达创意设计。⑥通过社会调研发现生活中的不便，综合考虑功能与适用、经济与美观、生态与环保，以及使用者的性别、年龄、职业和个性等因素，依照产品设计的程序和方法，选择生活器物、家用电器、服装服饰和交通工具等设计种类中的一项，学习以手绘、计算机软件绘制效果图或制作模型等方式完成产品创意设计，并辅以对功能的文字说明。⑦针对一套自己熟悉的居室，综合考虑房间的形态、结构与尺寸，按照不同生活功能的区位，合理安排平面布局，以手绘、计算机软件绘制室内平面图、透视效果图或制作立体模型等方式，完成以家具和陈设为主体的室内创意设计，并辅以材料、采光、照明和色彩选择的文字说明。

5. 工艺

工艺是设计创意的物化，指将原材料或半成品加工成产品的方法和技术。

本模块学习内容由不同材料的传统手工艺及其制作技艺等组成。①通过对当地或其他地区各种手工艺品的认知和鉴赏，识别手工艺的品种与艺术特色，加深对手工艺和工匠精神的理解，形成对中国传统手工艺，尤其是非物质文化遗产的兴趣和认同。②认识不同手工艺品的材质、造型、色彩和制作方法，探索其与功能性、审美特征和现代生活的关系。③以搜索和调查的方式，了解并记录当地或其他地区不同手工艺品的艺术风格、适用功能、发展脉络以及艺人事迹、地域民俗，认知手工艺品与民俗文化的关系，探索其象征和历史意义。④了解一种或多种手工艺（如陶瓷工艺、木工工艺、剪纸工艺、纸浮雕工艺、印染工艺、编织工艺和金属工艺等）的造型规律和独特技艺，学会使用至少一种手工艺的制作工具，合理使用材料，按照工艺流程，运用基本技能进行制作，形成使用手工艺语言进行设计和制作的能力。⑤学会运用手工艺的基本术语来描述、分析、解释和评价自己和他人的工艺作品，并运用学习档案袋保存学习资料，记录整个学习过程。

6. 现代媒体艺术

现代媒体艺术是指运用多媒体设备与技术表达观念、思想与情感的新兴艺术种类。多媒体设备与技术主要包括影像设备与技术、计算机设备与技术、互联网传播设备与技术三大类。

本模块学习内容由摄影、摄像、数码绘画和数码设计等组成。①知道现代媒体艺术的内涵及主要表现手段（摄影、摄像、数码绘画和数码设计），了解其科技、艺术和人文理念相结合的特征，既需要掌握现代数码媒体技术，又需要具有艺术感悟、造型和设计能力。在此基础上，进一步对不同的媒介类型进行比较和判断，认知其各自的技术特点。②了解现代媒体艺术创作所需的基本知识，如摄影、摄像或数码绘画作品中的对角线、垂直线、水平线、S形和三角形构图，摄影中的光圈、焦距、景深和快门，摄像中的"推、拉、摇、移、跟"以及镜头转换等拍摄技巧，数码绘画与数码设计所需的软件知识等。③通过欣赏和练习，自主地分析摄影、摄像中美术语言的运用（如光、色、构图、远近和虚实等），挖掘其独特的形式美感及其背后的文化内涵；尝试运用"构成、空间、时间、行为、声音、光线和符号"等基本的媒体要素及视觉表现语言进行媒体艺术的基础练习。④在鉴赏优秀作品的基础上，尝试对某一题材（如风景、人物、花卉、静物和校园生活等）进行摄影活动，并通过后期技术创作兼具内涵和美感的摄影艺术作品。

⑤以小组合作的方式，选择合适的生活主题或社会议题编写场景剧本并进行拍摄，通过编辑和后期加工处理，制作具有生活情趣且表达自身情感和思想的微电影作品。⑥了解和使用更多的形式进行综合性的艺术表达，如电影、新闻报道、纪录片、广告、音乐视频、动画、游戏视频和其他组合形式等。⑦通过教师的演示和示范，知晓常用的数码设计软件，运用网络或其他方式搜集各类图形资源，进行数码设计（平面设计、动画设计或三维立体设计）。⑧运用相关软件，进行数码绘画的艺术探索，学习数码绘画的要素和方法（如构图、造型、色彩、质感、笔触和步骤等），并尝试创作新颖的数码绘画作品。⑨了解现代媒体艺术在装置艺术、影像装置/录像装置、互动媒体上的运用及观念表达方式，分析其创意的来源及特殊的造型手段和方式。⑩了解不同种类现代媒体艺术的造型规律和独特技艺，尝试运用多种工具、软件和媒体艺术语言去进行综合性的表现、设计及创作，也可采用移动学习，尝试通过手机、平板电脑等进行与现代媒体艺术相关的学习与创作。

（三）选修

1. 美术史论基础

美术史论基础由美术基础知识和美术史常识两部分学习内容组成。美术基础知识包括美术基本概念和基础理论；美术史常识包括中外美术发展的基本脉络和主要风格、流派、代表人物及代表作。

2. 速写基础

速写基础由速写方法、人物速写和风景速写等学习内容组成。速写方法包括速写的工具和表现方法；人物速写包括人物的比例与运动特征、重心与动态线、画法步骤等；风景速写包括景物的取舍与构图、画法步骤等。

3. 素描基础

素描基础由素描基础知识和素描写生等学习内容组成。素描基础知识包括素描的概念、作用、材料与工具、观察和表现方法等；素描写生包括静物写生、风景写生和人物写生等。

4. 色彩基础

色彩基础由色彩知识和色彩写生（以水彩画或水粉画的方式进行）等学习内容组成。色彩知识包括色彩在创作和设计中的作用、色彩产生的原因、色彩的调配、色彩与情感的关系，以及色彩在不同文化中的应用等；色彩写生包括静物写生、风景写生和人物写生等。

5.创作与设计基础

创作与设计基础由美术创作和命题设计等学习内容组成。美术创作包括创作知识、生活观察和体验、题目理解、素材搜集与选择、表现过程等；命题设计包括任务理解、调查分析、创意构想和设计表达等。

第六节　中学美术教材分析

一、美术教材的作用和特点

何谓美术教材？目前存在两种理解。广义的理解认为，一切用于美术教学的材料，都是美术教材；狭义的理解认为，它是指美术课本。[①] 本节主要讲述美术教材狭义的理解。

（一）作用

中学美术教材是根据中学美术教学大纲（或课程标准）的要求而编写的系统简明地反映中学美术教学内容的教学用书。它是教师和学生进行美术教学活动的主要媒体，也是考核美术教学成绩的主要依据，是学生课外扩大美术技能知识领域的重要基础。其作用主要表现在以下四个方面。

第一，它直接体现中学美术教学大纲。中学美术教材是根据中学美术教学大纲提出的教学目的、教学内容、选择教学内容的原则等要求编写的。因此，可以说它是教学大纲的具体化。

第二，它是教师进行教学的主要依据。无论是计划美术课时的进度，还是进行美术课的备课、上课、布置作业等，教师都必须凭借教材向学生传授美术知识，进行审美教育，开发智力资源。

第三，它是学生用于学习的主要指导工具。美术教材可以帮助学生系统、高效地获得美术技能知识，深入理解教师讲授的内容，指导学生课前课后的预习与复习等。现代教学理论认为，学生是整个教学活动中的主体，学生积极主动地学习是教学活动取得最佳效果的关键。中学美术教材正符合这一现代教学理论，为学生积极主动地学习提供了前提条件。

---

① 　杨建滨，范凯熹. 美术教育简明辞典 [M]. 武汉：湖北教育出版社，1996.

第四，它是评估美术教学质量的重要参考依据。美术教学质量的评估往往是多方面的，但美术教材通过教学被学生掌握了解的情况不能不成为一个重要的参照指标。尤其是大纲规定的并通过教材所体现出来的一些基本内容与要求，更是考核命题的取材对象。有了在一定范围内的统一的教材，同一学段、学年、学期的班际、校际、区际之间的美术教学质量评估，才会具有较大的可比性，评估结果也才会更加科学可靠。

（二）特点

中学美术教材在内容、编排形式上具有许多显著特点，主要可归纳为以下几点。

1. 审美性

美术教学是以培养学生审美能力为宗旨的教学活动，要求处处都体现审美性，教材也不例外。美术教材的审美性主要体现在思想内容与编排设计上，一方面它是从古到今的人类艺术长河中美的思想观念、美的艺术形象以及美的艺术法则的浓缩体现，对于学生审美观念、审美情感的培养有着其他学科教育所不可替代的作用；另一方面，在编排设计上注重图文并茂，印刷精美，给人以美的享受，这一点又与其他学科教材相区别。

2. 教育性

美术教材是进行思想品德教育的重要蓝本。思想性强、民族味浓又富有启发意义的技能知识教学，构成了中学美术教材的教育性。

3. 基础性

作为素质教育的中学美术教育属基础教育，因而其教材也必然具有基础性的特点。它所选编的内容都应是美术学科中最基本的技能知识，旨在培养学生对美术的兴趣与爱好，为今后进一步的美术学习以及学生课外美术自学打基础。

4. 实用性

美术教材是美术教学活动的中介环节，是师生相互间教与学相联系的工具。因此，它既要符合教师教的实际，又要符合学生学的实际，这是其实用性的一层意思。另外，由于美术教材在内容的选编上注意了与学生的实际生活相联系，因而能使学生从学习中提高美化生活的能力。

5. 灵活性

美术教材大多发行面广，使用量大，延续期限相对较长。这就要求美术教材要有适合不同地区、不同对象和不同情况的灵活性。另外，新大纲①提出有条件的地方可增加电脑美术、陶艺等教学内容，这就会使所编的美术教材体现出应有的灵活性。

6. 地域性

美术教材是在"一纲多本"的原则下编写的。各个地区可以根据本地区的经济、教育发展状况、文化艺术特色等进行编写。新大纲明确指出，各地教材在基本内容与大纲要求一致的前提下，可按 10% ～ 20% 的比例补充乡土教材。这就使得各地方的美术教材会明显带有本地区的地域特色，即地域性。

7. 发展性

一定时期的教材是受该时期的思想意识形态、经济发展程度以及教育培养目标、本学科发展状况、学生心理生理特点等诸多因素制约的。因此，随着上述各个因素的发展变化，教材也会相应地发生变化，中学美术教材也不例外。这就是美术教材的发展性。

二、美术教材的结构和类型

（一）美术教材的结构

美术教材的结构，一般应包括显性的教学内容结构和隐性的心理学结构两个方面。显性结构受隐性结构的制约，隐性结构靠显性结构来体现。

从目前中学美术教材的内容看，它的结构主要是由欣赏、绘画、艺术设计三大板块内容构成。其中，每一板块内容又分成若干小单元，不同小单元穿插组合，平行渐进，就形成了目前中学美术教材的基本面貌。形象地说，就好比红、绿、蓝三块木板，各自切割成长条、方形，然后打散再组合，形成前后承接、互相包容的关系。这一组合方式自 1981 年我国编写出新的美术教材开始采用至今。如果说有什么变化的话，那就是不同的时期，不同的教材在三大板块内容的排列组合上或其所占的百分比上有所不同。

1. 欣赏部分

欣赏部分的主体是美术作品与美术常识，其次是图文提示、图文注释与复习思考题，有的还有自学内容等。

美术作品是欣赏教学的主要材料。它包括绘画作品、雕塑作品、艺术设计

---

① 《九年义务教育全日制初级中学美术教学大纲（试用修订版）》。

作品、民间美术作品以及建筑艺术作品等，从古代到现代，从东方到西方，从名家名作到学生的优秀范作，涵盖面相当广。这些作品有的作为专题以独立单元的形式存在，也有的与绘画训练或艺术设计制作的单元内容相结合，成为其必要的补充。

美术常识一般包括粗浅的美术基础理论知识、美术史知识以及相关的审美知识等。

图文提示，主要是针对具体作品进行的解释评说。

图文注释，是对欣赏中所涉及的一些疑难之处的简要解说，一般位于教材的最后。

复习思考题，重在引导学生上完欣赏课后进一步领会该课的中心内容或美术常识，以便有计划、有步骤地实施鉴赏训练或与其相关的其他训练。

自学内容，是以扩大学生的艺术眼界或加深某方面内容的理解而增加的一些图文内容。这部分内容视具体教材而定。目前人民美术出版社出版的中学美术教材有此内容。

2. 绘画部分

绘画部分的主体是技能操作训练与相关的美术基础知识，另外还有少量的随堂欣赏。

技能操作训练是绘画教学的主要内容，是培养学生观察能力、理解能力、想象能力、创造能力的重要手段，也是训练学生手、眼、脑协调发展的重要途径。包括素描（含线造型、明暗造型及速写）、铅笔淡彩画、中国画（含花鸟、山水）、版画等的写生、临摹与创作。

相关的美术基础知识，指构图知识、色彩知识、透视知识、人体结构知识以及一些绘画材料性能的使用与保管等方面的知识，这些都是绘画技能的操作训练中不可缺少的基本知识。

随堂欣赏，是指在绘画操作训练的过程中，课前、课中或课后所穿插进行的一种鉴赏活动。它重在辅助绘画操作训练教学的深化，或针对具体的绘画训练内容培养学生应有的对其技能技巧的鉴赏能力。

3. 艺术设计部分

艺术设计部分的内容比较庞杂。它的主体是三大构成的基础练习与应用设计，其次是民间工艺美术以及小型雕塑的制作训练，另外还有一部分随堂欣赏。

三大构成的基础练习与应用设计，具体包括平面、立体、色彩构成的技能知识和与之相应的图案、书籍封面、贺年卡、标志设计、黑板报、美术字、招贴、服装设计、家具及建筑模型设计等；民间工艺美术的制作，则根据各地区区域文化特色的不同而有不同的内容，比如民间编扎、剪纸、印染、面具等内容；小型雕塑，则具体包括纸雕、浮雕、圆雕等的制作。

以上内容多以独立小单元构成，每单元结合一部分随堂欣赏，用以开阔学生的艺术视野，提高其审美鉴赏力和加深其对设计制作技能的理解把握。

欣赏、绘画、艺术设计三大部分是相对独立的，但绝不是孤立存在的。最明显的例子就是无论是绘画还是艺术设计的课业中都含有欣赏的内容，都需要通过欣赏来提高学生的审美能力；与此同时，通过欣赏又能巩固许多绘画、艺术设计方面的技能知识，正如前面所说，它们是一种前后依存、相互包容的关系。

目前对美术教材结构的研究有一个新的动向，即从教材中所体现的学生学习心理结构来研究，或者是反过来说，依据学生的学习心理结构来研究教材的结构，这也就是我们前面提到的教材的隐性的心理学结构问题。这一研究目前还不多，因而在此不展开讨论。但可以肯定地说，对教材心理学结构的研究将会越来越受到人们的重视。

（二）美术教材的类型

我国九年义务教育初中阶段美术教材的编写类型主要是合成型。所谓合成型（又称综合型）美术教材是指将欣赏、绘画、艺术设计三方面课业内容穿插安排，合编成一套美术课本。它是我国中学美术教材的传统类型。其主要优点在于：课本单一，便于使用，避繁就简，省时省力。使用时，只需按照课题编排的顺序去教，即可"三面一体"地举纲张目、循序渐进、融会贯通，节省教学时间，减轻教师的教学压力。

除合成型的美术教材以外，还有一种门类型的美术教材，又称分科（课业）型教材。此类教材目前主要应用于我国大中专院校美术系科，目前我国中学高中阶段的美术教材也属于此种类型（高中只开设美术欣赏课，故它只是美术欣赏课业的教材）。这种教材的优点在于学科技能知识比较专一，因而能很好地体现技能知识内在的逻辑性与系统性，便于教学活动有条不紊与循序渐进地进行。

随着我国中学美术教学的不断改革与发展，在一定时期或一定条件下，初中美术教材的改革是否也可以由此入手呢？这是可以探讨的。

第三章　中学美术的教学方法、模式与策略

本章分为中学美术的教学方法、中学美术的教学模式、中学美术的教学策略三部分，主要包括教学方法的分类、教学模式的分类、教学策略的概念等内容。

第一节　中学美术的教学方法

一、中学美术教学方法的分类

（一）以欣赏课为主

以欣赏课为主的教学方法，是指教师在教学中需要创设一定的文化情境，利用教材的内容和艺术的形式，使学生通过欣赏体验事物的真善美，陶冶他们的情操，加深学生对文化和历史的认识以及对艺术的社会作用的认知，培养学生正确的审美能力，树立正确的文化价值观。

1. 讲述教学法

讲述教学法（即讲授教学法）以教师为主，从教师的角度传授知识。讲课、演示多媒体、提供图片、讲解故事和解答问题等，这些行为都集中在教师身上，教师是主导。学生是被动接受知识的角色，学生观看图片资料、读图片的内容都需要教师讲解。

讲述教学法一般用于理论课程（如中外欣赏课）较为适合，但要求教师讲述的内容要有科学性和系统性。教师在语言表述方面应明确、精练和生动，要善于根据课堂的实际情况与其他教学法结合，灵活运用。讲述教学法的优点是传授知识的科学性和统一性，缺点是难以完全吸引学生的注意力，学生处于被动，导致

学生过分依赖教师，而且学生只能学到教师传授的知识。因此，采用讲述教学法上欣赏课要侧重于两个方面：一是通过多媒体课件对视觉艺术作品进行直观的欣赏；二是在技法课教学中对作画、制作工艺进行直观的演示，让学生尽可能多地欣赏到大量的作品与优秀的范画，培养学生对美的欣赏能力。

2. 参观教学法

美术教学过程是主体间的社会协作、意义建构的过程。学生知识的获取是多元化的。教师在上欣赏课时，可以有针对性地带领学生到美术馆、博物馆、艺术工作室、民间艺人作坊等处参观，让学生亲身体验，身临其境，为学生观察和研究实物作品提供机会。

参观教学法的优点是有视觉艺术的直观性，学生能更多地了解艺术、美学、文化的知识，可以了解和印证艺术家或民间艺人与其自身的社会、经济、宗教、科技、政治、历史文化等衍生情境的关系。参观教学法的缺点是不易使学生系统性地了解文化和历史，同时教师对学生的管理加大了难度。因此，教师运用参观教学法时应该注意以下几点：规范管理，加强系统的组织管理；有明确的课题，带着课题让学生有目的地了解和学习参观的内容；参观中，教师或艺术家要有讲解；参观后，教师要进行归纳和总结。

（二）以实践与训练为主

1. 演示教学法

采用演示教学法时，教学活动的主体是教师，教师直接演示、讲授、指导学生，学生则处于被动接受的地位。在美术教学中，演示教学法被运用于技能知识课的教学，教师通过示范画作或者示范制作工艺或电脑图形操作，结合语言讲授课程内容，使学生利用各种感官去直接感知教师对客观事物或现象的描绘而获得知识与技能。这一教学方法的特点是具有形象性、直观性、具体性和真实性，符合美术教学的特征。从掌握美术知识与技法的规律上看，演示教学法能使学生在较短的时间里，有效地了解和掌握美术或工艺的制作方法以及这一学科的新知识和发展动向，这样不仅能帮助学生理解具体问题，而且能帮助学生很快地掌握学习美术知识的方法，提高学生快速掌握实际操作的能力和解决问题的能力，帮助学生独立思考。这一教学方法的缺点在于教师对问题的阐述对学生来说存在个人的偏见，对教师的专业知识和能力的要求也会相应提高。因此，演示教学法一般安排在与理论讲解同步或理论讲解之后进行。教师在演示时要准确和明了，使全体学生都能看懂和看清。在示范之前，教师可以事先做好分解步骤图，这样可以节省时间，帮助学生明确步骤。

2.谈话法

谈话法又称"问题教学法"，是教师和学生以语言问答的交流方式进行教学的一种方法。谈话法对培养学生的独立思考能力和语言能力、激发学生的思维活动有十分重要的意义。这一方法以问题情境为中心，师生通过交流、问答共同解决实际问题。在实施谈话法时，教师要明确解决的问题，引导学生寻找解决问题的线索。谈话法的特点在于教师通过谈话可直接了解学生对知识、技能的掌握情况，获得教学的反馈信息，调整自己的教学。但是，运用谈话法需要学生具有一定的知识经验和思维发展水平，对教师来说，要注意控制学生的意见分歧，不要让知识过于零乱，要有中心。

3.讨论法

讨论法是在教师的指导下，根据教师提出的问题，学生以全班或小组为单位，展开"集体式"的讨论。实施讨论法教学，学生是主体，学生通过在讨论中发表自己的看法，获得多种信息和更全面的思考方向，有利于培养学生的合作精神，提高分析问题、解决问题的能力及掌握和运用知识的能力。其缺点在于，学生通过讨论获得的知识一般是零碎的，缺乏系统性，对思维能力不高的学生来说，容易造成思维的混乱。因此，讨论结束后，教师要及时给出小结，阐明自己的个人观点，对于有争议的观点，教师可以和学生进行进一步讨论。采用讨论法时一般要配合其他的教学方法交替进行。

4.训练法

训练法是以实际练习为主的教学方法，也称"辅导法"，在教学中，通常称"练习""实验""实习"等实践活动，是使学生进一步巩固和完善知识、技能、技巧的方法。学生获得的理论知识必须在实践中进行内化。训练法实际上是一种综合教学的方法，教师对学生在实践中的训练，常采用小组讲授示范和个别具体辅导的方式，运用的教学方法也因人而异和因地制宜，即灵活运用，一般有讲解法、示范法、修改法、暗示法、讨论法、发现法和情境法等。在训练法中，教师辅导学生的学习时，必须根据学生的个性加以训练，引导学生张扬个性和产生浓厚的兴趣以及创意思想，有意识地结合作品训练提高学生的思想素质，在实际训练中构建和整合学生的知识技能。

二、中学美术教学方法的选择与运用

随着新课改的不断深入，又有许多新的有效的美术教学方法产生。在实际教学中，教师从了解教学方法到能否正确选择运用教学方法，关系到教学效果能否达到最优化的标准。

对于美术教学，教师选择与运用教学方法的标准有以下几个方面。

（一）符合教材内容的特点

针对不同的教材内容选择不同的教学方法。例如，欣赏课以图片展示、多媒体播放为主，手工艺制作课以实践制作为主等。

（二）符合学生的实际情况

教学方法要适应学生的基础条件和个性心理特征。教师要从学生实际出发，选择能有效促进和发展学生独立研究创作能力的教学方法。

（三）符合教师的本身特点

任何一种教学方法，只有在适应教师的素质条件下，才能被教师掌握，才能发挥作用。倘若教师缺少某一方面的素质条件，在运用某种教学方法时，就难以产生好的教学效果。例如，美术教学中演示教学法的运用，要求教师具有扎实的写实造型能力和艺术形式表达能力，教师的示范才能对学生正确掌握造型的基本规律和艺术表达的能力产生好的直观效果。具备这方面能力的教师也会善于运用演示教学法。在美术教学中，讲授法的运用要求教师具有良好的语言表达能力，这样其讲述才能具有强大的感染力。作为一名教师，要善于根据自身的特点，选择教学方法，教学才能收到最佳的效果。同时，教师要不断地学习，提升自己各方面的素质，从而在运用教学方法时更加得心应手。

（四）符合教学时间和效率的要素

教学的最优化还要求教师以尽可能短的时间取得最佳的教学效果。教师运用一定的教学方法，其目的也是让学生在有限的时间内收到理想的学习效果。因此，在教学的时间把握中，教师选择某种教学方法，应该考虑在教学过程中其效率的高低。这样才能在规定的时间内完成教学任务，最终实现教学的目的。

选择教学方法除了以上标准外，还应该考虑学校具有的教学设备、教学条件

（如计算机机房、多媒体教室、画室、图书设备、教学经费等）以及一些其他因素。所以，教师选择教学方法还必须从学校的实际情况和现有的条件出发，才能将教学方法运用得当。学校的环境、教学的条件是教学方法实施的物质条件，但是教师的教学能力的发挥不应被学校的物质条件限制。

第二节　中学美术的教学模式

一、中学美术教学模式的分类

（一）问题探讨式欣赏教学模式

问题探讨式欣赏教学模式是以学生欣赏、教师提问、学生回答、教师边导边教的方法为主，并将自主、合作、探究性的教学方法相组合的模式。它打破了以往美术欣赏课以讲述法为主的教学模式，符合美术教学的特点和初中学生的接受能力。这一教学模式通过实施初步选择提问、赏析探究提问、心灵感悟提问、社会学式提问、比较式提问五个阶段的综合提问总结方式，由浅入深地引导学生寻找答案，达到启发学生思维、培养学生主动学习和解决问题的能力的目的。

问题探讨式欣赏教学模式是许多教师在新课改的指导下，根据美术教学的特点，在实践教学中摸索和总结出的教学模式，适用于一般的欣赏类课程。该教学模式的教学活动和程序分为以下八步。

1. 初步观察

该步骤分为两个子步骤。前期从设问入手，激发学生的兴趣，后期组织学生讨论回答，教师总结。

2. 欣赏探究

提出问题，学生思考，教师总结。

3. 感悟式鉴赏

结合画面，采用综合启示介入法，通过音乐和诗歌引申画面，发人深省，引发联想。教师要求学生结合画面作品从自身经验出发，展开想象，体会画面作品里画家表达的情感世界。

4. 形式鉴赏

教师帮助学生对美术作品的元素构成进行了解，对画面作品的技能技法、形式美感进行理性分析。这里基本上以教师讲述法为主，针对图片画面进行讲授，引导学生思考。这是欣赏课的专业学习中心环节。

5. 社会学式鉴赏

引导学生了解作品的文化背景和相关的社会因素，更深层次地分析作品。

6. 比较式鉴赏

在教师的指导下，学生通过对几幅作品的比较做出自我识别。

7. 练习反馈

学生通过运用多种鉴赏方式对几幅作品进行鉴赏，对现有的作品进行分小组合作，并以讨论的方式完成练习。

8. 总结延伸

学生讨论发表意见，教师采用表格的形式进行记录并总结，这一方法易于抓住中心问题。

这一教学模式的运用，要求学生具有一定的思维分析能力。由于学生讨论的结论是多方面的，一般教师难以把握，因此，可让学生给出几条结论性的意见，由教师最后总结并提出自己的观点。如对部分内容有不同观点，教师可另找时间与学生交流探讨，这样才能把握全局。

（二）探索实践教学模式

探索实践教学模式是一种在美术教学中被广泛使用于动手实践的教学模式，它以教师和学生的技能学习为中心，将教师的讲述、示范和学生的练习以及展示评价作为有机结合的整体。该模式以教师为中心，教师确定课程的目标，讲述教学内容，并向学生示范技能。在整个活动中，学生必须积极参与到理解体验与练习掌握技能的活动之中。其理论基础是行为主义理论，注重让学生训练。教师的言语清晰、讲述具有逻辑性以及技能熟练，对学生的学习结果有积极的作用。在这一教学模式中，教师负责主要的解释、描绘、示范等工作，引导学生主动探讨更多的解决问题的方法。探索实践教学模式主要由如下几个步骤组成。

1. 导入新课程（定向阶段）

教师通过多媒体影视欣赏激发学生的学习兴趣。教师采用提问的方式，告知学生学习目标，激活学生原有的相关知识。教师应注意渗透激发学生的学习动机，导入本课的课题。

2. 体验与探索阶段（呈现阶段）

教师激发学生表现，突出学生学习的主体性。这一阶段是向学生呈现要学习的新知识，确保学生能正确理解新知识，并以欣赏作先导，对问题层层深入递进，调动学生的思维。学生的思维动起来了，才是教学活动的重中之重。同学之间的交流讨论，促进了生生间的互动，变被动学习为主动学习，有利于强化学生对本节课重点的认识和理解。这一阶段的目的是让学生理解新知识，并对难点进行重新解释，使教师的讲授自然过渡到技法的学习。

3. 实践与展示（练习阶段）

这一阶段是教学模式的核心部分，大致分为有指导的练习和独立练习两个阶段。在有指导的练习阶段，教师指导和控制教学实践的训练，合理地安排技法训练，使学生树立创新意识，把美术教学与其他学科知识的学习结合起来，全面提高学生的素质。在这一阶段，教师的目的是引导学生经过讨论和思考，进一步深化教学内容，使学生学以致用，并在教师的适时点评中建构正确的审美观。在教学过程中，教师要注意及时给学生提供反馈，使学生及时调整和修改练习中出现的问题。在独立练习阶段，教师要让学生在达到掌握的水平之后做一些练习，这些练习能促进学生技能的保持与迁移。练习后，学生展示作品，教师进行点评或评价，帮助学生对所学内容进行归纳和概括，强化重点，加深学生对所学内容的理解和记忆，使学生对本节课所学的内容有一个系统、完整的认识和准确的把握。

4. 课后拓展

教师可以启发学生上网或通过其他途径进一步开阔视野，以提高学生自主学习的能力。

二、中学美术教学模式的发展趋势

美术教学模式的发展受当代教育学、心理学研究成果的影响，也受到美术教学理论、美术教学本身的特点等的制约。目前，中学美术教学模式主要呈现以下发展趋势。

（一）趋向多元化和综合化

目前，美术教学模式的发展由实践型教学模式、理论型教学模式走向整合型教学模式。随着现代心理学的迅速发展，教学模式对心理学的研究成果的吸收推动了美术教学模式的改革和实践。

同时，美术教学模式受到系统论、信息论、控制论、多元智力理论和现代美术教学规律的影响，逐渐形成了多元的、综合的美术教学模式。

（二）趋向现代化

新科技的成果已融入各学科，并且科技手段的现代化使美术教学模式善用资讯科技，促进教学实现，丰富教学内涵，健全人格发展，整合科技资源，实现艺术与科技结合的统一。

现代教学媒体普遍运用于美术学、设计学已成为 21 世纪美术与设计教育的一道最靓丽的风景线。计算机辅助教学以图文、动画、图像等快速传播美术与设计教育的课程资源信息和社会资源信息，为学生了解美术与设计的理论、操作和运用美术与设计的软件、表现生活、设计生活、创造生活，为社会的发展提供了高效的服务。现代科技的发展、计算机和网络的教学为新的美术教学模式的抉择提供了依据，并已经成为 21 世纪普及美术与设计教育发展的新趋势。

（三）趋向全方位

随着当代教育理念、教育价值观的变化和课程功能观的调整，以学科为中心、知识为本位的取向被"以学生发展为本"取代，学科的发展被赋予了新的内涵，即以发展学生的生存与发展能力为目的，从有利于学生主体活动、知识意义的建构出发，谋求学生整体发展。

建构主义理论认为，知识的建构是主动的，不是被动的，要真正发挥学生在学习活动中的主动性，构建学生的主体性，要强调教师与学生的共同参与、共同发展的过程。教学模式的实施目标，不仅要注重知识的传授和能力的培养，更要注重学生品德的形成和个性的发展。

（四）趋向合作关系

建构主义理论认为，学生是知识意义的主动建构者，而不是外界刺激的被动接受者；教师是教学过程的组织者和指导者；教学的过程是教师和学生共同参与、共同发展的过程，知识的建构在教师和学生身上同时发生；教师随着教学情境的变化，改变自己的知识和教学方式，以适应学生的学习。因此，教师和学生都是建构知识过程的合作者，他们之间是一种平等、互动的合作关系。

第三节　中学美术的教学策略

一、教学策略的概念

关于教学策略的含义，各个研究者的阐述各不相同。笔者认为，教学策略是教师在教学过程中，为达到一定教学目标而采取的一系列相对系统的行为。

教学策略主要包括三个方面的内容：一是解决教学问题的方法、技术；二是这些方法、技术的操作；三是操作中的要求和有目的、有计划的操作程序。在动态的教学活动维度上，教学策略是指教师为提高教学效率而有意识地选择筹划的教学方式方法与灵活处理的过程。

二、中学美术教学策略的分类

中学生正处于生理和心理急速发展变化的阶段，需要教育机构和教育者给予特别的关注。因此，中学美术教育要深入地研究各种教学策略，如基于自主型学习、探究型学习、合作型学习、接受型学习的教学策略，并将其运用到实际的教学活动中，大力提升中学美术的教学效果，体现美育宗旨，全面提高中学阶段学生的综合素质。

（一）基于自主型学习的教学策略

1. 自主型学习的概念

自主型学习有两个含义：一是指不依靠他人的力量进行学习，被称为"自力学习"，与集体学习相对；二是指在教师的引导下自主地参与教学过程，从教材中获得知识，被称为"学导式学习"，与"注入式学习"相对。

自主型学习对学生自身的要求是比较高的。它包括以下三个子过程。

（1）自我监控

自我监控是指学生针对自己的学习过程所进行的一种观察、审视和评价。

（2）自我指导

自我指导是指学生受学习趋向、学习结果影响的行为，包括制订学习计划、选择适当的学习方法、组织学习环境等。

（3）自我强化

自我强化是指学生根据学习结果对自己做出奖赏或惩罚，以利于积极的学习得以维持和促进的过程。

2. 教学策略

（1）激发学习兴趣

在所有的课程学习中，兴趣是最好的老师，也是变被动学习为主动学习的关键所在。而学生学习兴趣的激发需要教师的有效引导。

建立兴趣小组是激发学生美术课学习兴趣的有效方式。教师可以在教学班或年级组建立国画小组、水彩画小组、水粉画小组、手工小组、剪纸小组、书法小组、雕塑小组等，使有相似美术爱好的同学可以相互影响、相互帮助，使他们自发地对美术课程知识进行深入的学习和应用。教师还可以通过举办画展等方式激发学生的学习兴趣。

（2）建立鼓励机制

鼓励是成功教育的催化剂，每个人在成长的历程中都不可缺少鼓励所带来的无穷动力。教师应当多从学生发展的角度去考虑问题，多给予学生精神上的鼓励，使他们逐渐得到外界肯定、自我肯定的心理暗示，开发其学习的潜力，为学生自主学习奠定动力基础。

因此，中学美术教师在具体的施教过程中应当注意以下几点。

第一，时刻将夸赞的话挂在嘴上。在课堂巡视、作业修改、集体点评时，教师都不要吝啬对每一位学生作业中优点的肯定和夸赞，甚至有的时候需要对学生作业中某一优点进行放大和过分的夸赞。对于学生作品的口头夸赞是非常有效的一种鼓励措施，处在青春期发展阶段的中学生极容易情绪化，而经常的夸赞会使他们长期处于良好的情绪环境，这一点非常有利于他们的自主学习。

第二，切莫忘记适时适度地当众表扬。偶尔的口头夸赞只能代表教师的个人肯定，而适时适度地当众表扬也代表着教师和同学们的集体肯定。教师可以在集体点评作业或课堂问题讨论时当众肯定某个学生的表现，并大力表扬他的优点，使学生产生一定的学习成就感，这是对他自主学习的最好反馈。教师也可以定期举办一些绘画、书法、手工制作、美术小常识的展览和竞赛等，设立奖项当众表扬优秀者，增强他们的成就感和荣誉感，从而激发他们的学习热情。

第三，永远不要忘记榜样的无穷力量。教师在肯定和褒奖优秀者的时候，千万不要忘记让他们协助教师发挥教学的能动性，树立典型和榜样，并让他们发挥带动和帮扶作用，这不仅能够让这些优秀者获得教师肯定、集体肯定的快乐，而且能够使其获得自我肯定的快乐，同时又能够协助教师分担一定的教学压力。此举可谓事半功倍、一举多得。

（3）优化教学内容

我国义务教育阶段的美术课堂还存在一些不适应学生全面发展的问题，从课程的角度来看，主要表现在几个方面：①美术课程的开发性、综合性和多样性不足；②过于强调学科中心，过于关注美术专业知识与技能；③在一定程度上脱离了学生的生活经验，学生的学习兴趣难以激发。

因此，在中学美术教学中，教师一方面应该增加手工制作内容，而减少美术课常规的绘画知识和技能的训练；另一方面应当着力开发一些具有民族特色和地方特色的乡土内容并将它们补充到教学中。这样既适应了中学生对理论知识接受的局限性和喜爱动手操作的学习心态，也考虑到了学生生活经验与美术教学的关系，丰富了教学内容，在具体的美术教学过程尤其是在自主型学习过程中会收到意想不到的效果。

（4）加强教师主导

美术学习自主发展离不开教师积极的引导。没有教师的主导作用，就谈不上学生的主体地位；没有学生的自主学习，教师的主导作用必将变成主讲、主问，而不是真正的主导。在自主发展过程中，教师的主导作用不仅在于导趣，更不能忽视导向、导法、导控、导思、导境的作用，所以自主学习并非完全的闭门造车式的学习。作为美术教师，不仅要通过各种策略激发学生的学习兴趣与热情，而且要引导学生的学习方向，帮助他们探索有效的学习方法并适时给予一定的监控与评价。

只有教师在教学策略中注重激发学生的学习兴趣、建立有效的鼓励机制、优化教学内容，并从教学方法、自我监控、评价等方面给予学生科学而有效的引导，才能使自主型学习落到实处，发挥其在教学中的独特效力，显现出其他类型的学习方式无法比拟的巨大魅力。

（二）基于探究型学习的教学策略

1. 探究型学习的概念

近年来，中学教育从应试教育向素质教育方向改革的过程中出现了一种较为新颖的学习方式，即"探究型学习"，又称为"研究型学习"。探究型学习有广义和狭义两种理解。广义的理解，泛指学生探究问题的学习。狭义的理解，是指学生在教师的指导下从学科领域或现实社会生活中选择和确定研究主题，在教学中创设一种类似学术（或科学）研究的情境，通过自主独立地发现问题、实验、操作、调查、信息搜集与处理、表达与交流等探索活动，获得知识、技能、情感与态度的发展。

探究型学习应该是学生从各种学科领域或现实生活的问题或任务出发，通过形式多样的探究性活动，以获得知识技能、培养探究能力和应用能力、获得情感体验为目的的学习方式。

探究型学习具有三个特征：①从问题或设计任务出发；②学生通过观察、调查、假设、实验等探究活动提出自己的解释，或者设计和制作自己的作品；③学生通过表达和交流，检验或修正自己的解释。

2. 教学策略

（1）培养问题意识

探究始于问题，如何在"案例学习、问题学习和项目学习"的实施过程中，引导学生从学习内容中发现和提出问题，给学生提供积极探究实践和审美情感体验的途径与机会，并在学习过程中获得直接经验，是实施中的关键。

（2）合作探究

如果说探究始于问题，那么探究依于讨论。合作探究是指在探究型学习中为了完成多样性问题的分析与解答而采用的协助式探究方式。合作学习是提高学生的交往能力和加深对知识内容的理解的较好方式，一般采用小组讨论和实地考察的方式。教师按照学生对探究主题的兴趣进行分组，每组由 3～5 个学生组成，共同完成一个研究课题。在探究过程中，小组成员既有分工又有合作，并能在活动中学会与人交流。

合作探究主要采用小组讨论的方式，当有些问题因为其多样性和多面性的特点导致个人无法全面解决时，通常就采用小组讨论的方式来进行问题的探究。合作探究不仅能加深学生之间的交流，而且有助于智力放大、思维共振，提高学习效益。学生在合作中能各抒己见，集思广益，克服片面思维，互相启发，互相评价，互相激励，取长补短，还可以进行信息交流，实现资源共享。

合作探究策略不仅可以采用小组讨论的方式，而且可以采用实地考察的方式。例如，针对中学美术教材中涉及的乡土教学以及欣赏教学内容，有条件的学校和教师可以带领学生到敦煌石窟、龙门石窟、西递、宏村古建筑群落、凤凰古城等文物古迹和民族乡土古村落进行实地考察和体验。在考察过程中，学生和教师可以进行集体的讨论交流。这种实地考察方式也是一种有效的合作探究，它能够使学生直观地感受到教学内容，亲身体验教学内容的魅力，从而加强学生对教材知识的理解与掌握。

（3）独立探究

自主型学习以教师尊重学生作为独立的生命个体为前提，通常由学生自主选题，自主探索，同时也需要教师的引导。自主型学习强调学生的自主探究实践，要求学生关注自身生活和社会生活，亲身参与社会实践活动，以便发现问题和解决问题。

在中学美术课的探究型学习中，采用让学生自主教学的教学相长的独立探究策略也是一种有效的施教方式。例如，教师可以鼓励学生在鉴赏教学中充当"小先生"。美术鉴赏教学应该非常关注学生的参与程度，鼓励他们全身心地投入。现实情况是，很多美术鉴赏课似乎外在于学生的感觉和情绪，学生要么没有认真听课，要么看上去像是在听，但内心几乎没有受到触动，情绪和思维无法随着教学而发生变化。改变这一局面的策略是让学生成为"局中人"，转变成"小先生"。具体操作时，教师可以让美术基础较好的学生担任"小先生"，也可以采用毛遂自荐的方法由学生自己争取，还可以让学生以小组合作的方式参与。"小先生"为了完成自己的任务，必须认真阅读和研究教材，通过网络或其他方式收集素材和资料，准备教案和演示文稿，还必须在讲台上给其他同学上课。这种方式不仅让准备参与的学生进行了自主型学习和探究型学习，培养了合作能力，而且由于同龄人或同学的身份，可以使其他同学产生亲切感和新鲜感，一扫以往的麻木状态，从而产生良好的学习效果。当然还需要注意，让学生担任"小先生"，不能完全代替教师的教学，这只是一种变化教学节奏、追求特殊教学效果的策略。

（三）基于合作型学习的教学策略

1. 合作型学习的概念

所谓的"合作型学习"，即依学生能力、性别等因素将学生分配到一个异质小组中，鼓励同学间彼此协助、互相支持，以提高个人的学习效果，并达成团体目标。合作型学习能提升学生的学习成就、学习动机、人际交往能力等。合作型学习将个人之间的竞争转化为小组之间的竞争，有助于培养学生的合作精神和竞争意识，有助于因材施教，可以弥补一个教师难以同时面向有差异的众多学生进行教学的不足，从而真正实现使每个学生都得到发展的目标。

2. 教学策略

（1）教学内容要有主题

教师在组织教学内容时一定要突出主题，只有主题鲜明的教学内容才便于开展合作型学习。比如，对某一件经典作品的欣赏或者对某一个艺术家、艺术流派的了解，某一个主题墙报的设计，一件特色手工的制作等。教学内容过于细碎、繁多，不具有突出的主题性则不便于开展合作型学习。在欣赏课教学中，教师往往贪多，将不同的作品放在一起进行欣赏教学，这样学生和教师之间的合作就无法有效进行。

（2）合作设计、集体操作完成作业

中学生处于一个善于表现自我的敏感年龄期，集体荣誉感强烈，善于表现自我，动手操作能力较强，对成就感的追逐比较强烈。在合作型学习中，教师要善于利用学生的这些心理特点，在策略上偏重于让学生较多地进行合作设计、集体操作完成作业。例如，可以让学生合作完成一幅水墨画的创作，集体构思创作班级自己的标识或者旗帜、服装等，可以让学生分组利用生活中废弃的纸箱、包装盒、金属罐、玻璃瓶等设计并制作不同的桌、椅、沙发、凳子摆放在教室或过道里，以供同学们休息、读书之用。这样既锻炼了学生的交流能力，又能加强学生之间的协作能力，还寓教于乐，提高了学生的审美能力。

学生都喜欢自己寻找合作伙伴，教师在合作型学习中可以把选择权交给学生，这样学生学习的主动性更容易被充分调动起来。另外，不同的学生有不同的优点，有的学生组织能力较强，有的学生在个别项目上有较好的基础，有的学生配合能力较强，等等。如果教师能发现和利用学生的这些特点，那么就会在课堂上形成一种很强的凝聚力和创造力，在这样一种正能量的推动下，学生便可在和

谐宽松的氛围中深入研究和探讨课题。教师在教学中还应重视各小组之间的交流讨论，对各自的构思草图进行修改与完善，在最后整个作业全貌的修改和调整时也进行合作讨论，能够最大限度地发挥集体的才智完成定稿。在这样一个过程中，学生之间、师生之间、小组之间都有很好的交流、沟通、启发、互助、协作，保证了作品的质量，同时也增强了学生的合作交流能力与集体荣誉感。

中学美术教师也可以组织学生集体到聋哑学校或幼儿园对特殊学生群体展开帮扶学习，共同合作、互相帮助完成作业也是一种不错的合作型学习策略。

（3）集体评价

合作型学习的评价机制也应采用合作的形式。在中学美术教学的合作型学习过程中，教师应当注重课堂小结和集体点评作业的形式。

在绘画、雕塑、书法、篆刻、手工制作等作业的评价上，教师可以让学生或小组之间互评作业中的优缺点，也可以由教师当众做集体评价。

教师应适当地组织集体展览。通过展览的形式，学生能够在他人的作品中发现优缺点和自己的不足，这也是一种合作型学习的体现。

（四）基于接受型学习的教学策略

1. 接受型学习的概念

接受型学习是教学中常见的学习方式，尤其在我国中学各个学科的教学中，接受型学习依然是主要的学习方式。笼统地说，接受型学习就是依赖教师讲授，学生被动接受的一种学习方式。

虽然新课标要求我们转变原有的学习方式，但真正落实起来却难度很大，而且需要相当长的时间。

但是不能回避的是，接受型学习在美术教学中应该有一席之地，比如，技法示范、基础理论的讲解等。因此，不能为了强调学习方式的转变就否定接受型学习。

教育的最终目的是教会学生如何获得知识，而非教会学生某种固定的知识。所以在新课改的浪潮之下，我们有必要对美术课的接受型学习的教学策略加以探讨，以期产生科学而有效的教学结果。

2. 教学策略

（1）有效运用多媒体教学的策略

从接收信息的角度看，在人的视觉、听觉和嗅觉中，视觉是最重要的信息通道，在人们学习过程中所起的作用最大。根据心理学实验，人们获知外界事物的信息约 83% 是通过视觉，其次是听觉。实践证明，通过听觉获得的信息量约占整个感觉系统信息量的 11%，仅次于视觉接收量。研究还表明，人们在学习中使用听觉媒体的注意力集中率为 54%，也仅次于视觉媒体的 83%。由此看来，看过的东西比听过的内容更让人信服，且记得牢靠。由于许多知识信息难以用视觉元素体现，加之视觉元素的具体性、直观性，不善于进行综合概括和抽象论证，显得缺乏逻辑，但这正是听觉元素特别是解说的特长。如果将视觉元素和听觉元素有机组合，而非机械地相加，就能把视觉元素的具体性和听觉元素的抽象性有机结合，两者互相补充、互相配合，再现或创造出清晰鲜明、富有感染力、更具吸引力的视听形象。因此，掌握视听的心理特征并运用这些规律指导多媒体 CAI 的设计，充分发挥多媒体 CAI 的作用，就能达到最佳的学习效果。

多媒体教学在中学美术教学中占有非常显著的优势。一方面，中学美术课的教学内容如绘画、书法、手工、设计、欣赏等的视觉形象性较强，非常有利于多媒体 CAI 的设计；另一方面，中学生处于生理和心理发展的特殊阶段，利用多媒体教学发挥其视听感官的优势能够提高中学生对知识的接受程度与接受能力。

多媒体教学具有两个特点：①变抽象的说教为形象的演示，是多媒体教学最主要的特点；②教师利用电脑更容易营造美的氛围，使学生受到美的感染，同时利用多媒体也可以扩展和丰富教学的内容。

（2）问答策略

在接受型学习中，教师的讲授占据主要位置。什么样的讲授能够引起学生的主动思考、接受，就成为教师必须关注的问题。而问答策略在这种状态下就显得尤为重要。

所谓问答策略，就是在教师讲授过程中注重以教师提问、学生解答或者学生提问、教师解答的方式的运用。问答在教师讲授、学生接受的过程中能够刺激学生和教师对问题进行深入思考，能够使学生参与到教学过程中主动理解、掌握和运用知识。

在中学美术课的教学中，教师应当摒弃"满堂灌"的独角戏式的讲授，要适时针对具体问题向学生提问，让学生在聆听的同时进行思考。这样一来，教师的讲授不再显得那样苍白无力，学生的接受也不再显得被动麻木。

问答策略尤其要大量运用于中学美术欣赏课的教学中。美国的费德门教授对美术欣赏课提出了具体的程序：描述—分析—解释—评价。这个程序能够引导学生由浅及深、由表及里、由易到难、循序渐进地对作品展开分析与评价。

事实上，我们不仅应该在描述、分析、解释、评价四个步骤过渡衔接的过程中用大量问题刺激学生向下一欣赏步骤转移思考，还应在每一个具体的步骤实施过程中用问答的形式使学生完成对具体内容的思考与理解。比如，在对具体作品《拾穗者》的赏析过程中，在第一个阶段，作品题材内容、故事情节、创作背景、作者情况等都可采用问答策略让学生发现、讲述。第二个阶段对作品形式语言（点线疏密、色调冷暖、光感、体量、空间、质感、肌理）与材料技法和内部构成、艺术风格的分析过程，同样可以采用问答策略，教师可以巧妙设置许多实际问题让学生独立观察，自我发现，概括回答。第三个阶段对作品所蕴含的文化、社会、政治因素，以及对作品所要表达的主题思想、情感观念、象征意义等进行理解探讨，在这一过程中教师要通过大量问题刺激学生展开联想，深入思考，得出各自的结论。在最后一个阶段，教师也可以通过提问的方式让学生发表自己对作品的价值判断，对作品的艺术成就、格调高低进行合理判断，并阐述其理由。

当然，在问答策略的应用过程中，教师还需注意一些问答的技巧及操作性问题。例如，提问的针对性、提问的模式等。在大班教学中，集体提问的效果远比单独提问好。另外，问题的难度、清晰度，问题构思与阐述，提问顺序，发问次数，问题的节奏，候答时间，对问题的回答提示，对学生回答的感谢，复述与评论等具体的细节都需要教师深入地研究与谨慎地处理对待。

（3）情境教学策略

情境教学是指在教学过程中教师凭借情境氛围的营造或现场活动的设置来加强信息的传达与学生的接受力度的教学方式。20世纪80年代上映的美国电影《死亡诗社》，讲述的是发生在1959年威尔顿预备学院的故事，威尔顿预备学院以它凝重的风格而闻名，其教育形式是固定的，不仅单调，而且约束着学生的思想。但是这一切因一个新教师发生了变化。基丁老师反传统的教育方法给学院带来了一丝生气：在他的课堂里，他鼓舞学生站在课桌上，从一个崭新的视角去察看四周的世界；他向学生介绍了许多有思想的诗歌；他倡导的自在发散式的哲学思想在学生中引起了强烈的反响。慢慢地，一些人接受了他，开始勇敢地面对每一天，把握他们自己的人生。

我国一个教育考察团曾在美国听过一节历史课，内容是种族歧视时期黑人的生活状况。课前教师带着一个盾牌进入了课堂，许多人都很纳闷。刚一上课，教师宣布：凡是白人学生历史成绩没有考好的可以加分，黑人学生不可以加分。这一歧视黑人的举动立刻激怒了所有学生，于是教室变成了"战场"。话音刚落，学生就把手中的书本、墨水瓶扔向教师，教师则急忙拿出盾牌来抵挡……最后，教师通过刚才发生的真实的一幕向学生讲述了若干年前种族歧视时期黑人的生活情形，使学生对那一段历史仿佛有了亲身经历一般。

显然，当生活情境进入课堂教学时，学生会在非常轻松的状态下学习和体验，学生的个性得到充分、自由的发挥，所学的知识不但"活""牢"，而且能"用"。让孩子在体验中认知世界是合乎规律的艺术教育方式。

在中学美术教学中，教师可根据每节课的主题设计一些教学情境应用于教学中，一方面能提高学生接受知识的兴趣，另一方面也能活跃课堂氛围，寓教于乐，真正体现美术教育的美育目的。

例如，在第五届全国中小学美术课现场评选中，一等奖的获得者甘肃省兰州市城关区团结新村小学四年级美术教师尤伟晓主讲的"快乐的人"一课中，教师在上课前先简单介绍了自己的性格特征，然后让学生推断出教师是一个快乐的人。之后教师带领学生全体起立，通过舞蹈动作的形式表现各自快乐的心情。然后让学生观察、讨论并模仿刚才的舞蹈和生活中表现快乐的动作。有些学生列举了运动会上给同学加油的动作，有的同学模仿了游戏中捉迷藏的动作，有的同学模仿了胜利之后的动作。由以上情境活动，教师自然而然地引出了课程的教学内容——人物动态的制作过程。

又如，重庆市南开中学美术教师赵萌主讲的"生活中的色彩搭配"一课中，教师别出心裁地在课堂中穿插了一个有趣的情境活动：让学生根据一幅图片的色调给某一位同学设计一套时装，并在课堂上展示，由设计师根据服装的色彩与同学的性格说明其设计意图。同学们天马行空的思维设计出的服装作品大胆奔放、滑稽搞怪，整个课堂在笑声与掌声中取得了良好的效果，学生在轻松欢乐的气氛中接受了教师通过情境活动传达的知识信息，充分体现了寓教于乐的教学宗旨。

通过上述案例我们会发现，情境教学是接受型学习美术课教学的重要策略。但凡成功的、优质的美术课堂教学几乎都在不同程度上采用了情境教学策略。尤其是在导课部分采用有趣的情境活动让学生积极主动地参与其中，学生的学习兴趣得到了提高，学习热情高涨，注意力高度集中，接受知识的心态从被动变为主动。同时，在中学美术课教学中大量应用情境教学策略也符合中学生的生理与心理特征。在一种游戏的状态下进入课堂，整个教学活动在轻松活泼的氛围中展开，学生和教师陶醉其中，课堂充满欢乐与趣味。教师和学生之间没有了心理隔阂，像朋友一样共同探讨教学知识，学生也从内心深处打消了对教师的心理戒备，主动地接受教师的观点，并积极思索，从而全面深入地掌握教学内容。

　　由此看来，成功的美术教育应当追求一种无痕的效果，巧妙地将教育孕育于情境活动之中，达到此时无声胜有声的良好效果。就像《死亡诗社》中带领孩子们站在课桌上上课的那位崇高的老师——基丁老师一样，当他离去的时候，所有的学生都用一种特殊的方式——站在桌子上向他致敬道别。如此，乃教师之幸，亦乃学生之大幸也！

第四章 初中美术教学领域设计与分析

本章分为造型·表现、设计·应用、欣赏·评述、综合·探索四部分，主要包括年画《门神》教学案例、《民间刺绣》教学案例、《走进民间美术》教学案例、《走进安塞文化馆》教学案例等内容。

第一节 造型·表现

"造型·表现"学习领域是指运用多种媒材和手段，表达情感和思想，体验造型乐趣，逐步形成基本造型能力的学习领域。造型是具有广泛含义的概念，但在本学习领域中指运用描绘、雕塑、拓印、拼贴等手段和方法创作视觉形象的美术创作活动。表现则是通过多种媒介进行美术创作活动来传达观念、情感的过程。造型与表现是美术创造活动的两个方面，造型是表现的基础，表现是通过造型的过程和结果而实现的。下面是针对造型·表现的几个相关教学案例与教学设计。

一、年画《门神》教学案例

【学习领域】造型·表现

【课时】1课时

【实践班级】延安市实验中学初三7班（56人）

【授课教师】吴琼

【教学资源背景】

本课教学对教学资源内容进行了适度的调整和补充，以校本课程的形式让学生了解民间艺术美，发扬我国民族、民间优秀的艺术传统，增强学生的民族自豪感，以年画《门神》为例走进课堂。

【学情分析】

初中学生正处在心理、生理快速成长的阶段，他们对周围的事物、科学及艺术有自己的理解和感知，对民间美术的分类也有了系统的了解，因此本节课让学生进一步感受并绘制年画《门神》，更深入地理解作品要表达的内涵。

【教学目标分析】

知识与技能目标：通过欣赏并尝试绘画门神作品，学生能够初步了解门神的寓意和象征，在作品的表现上掌握年画的一般方法。

过程与方法目标：通过对民间美术作品的观察、赏析、学习与实践，学生能够多角度认识与思考年画作品的美好寓意及表达方法。

情感态度与价值观目标：通过课堂欣赏及实践，激发学生对民间年画艺术的热爱，认同中国优秀文化，感受中国民间艺术独有的魅力。

【重难点分析】

教学重点：了解中国年画的种类特点，理解和掌握年画的一般绘画方法。

教学难点：对年画《门神》造型的理解和把握。

【教学方法】

欣赏—演示—实践相结合的教学方式，引发学生思考、探究和创作。

【教学准备】

教师：《门神》若干张、多媒体、音乐。

学生：白纸、水粉颜料、画笔。

【教学过程】

师：今天老师带来了两幅美术作品，我们来共同欣赏一下，看看哪位同学认识这些作品。

（黑板上张贴两幅《门神》）

生：门神——尉迟恭与秦琼。

（引出课题）

师：看来大家都认识这两个人，那你们都在哪里见过门神？

生：农村过年时的门上……

师：现在请大家思考，尉迟恭与秦琼是谁？为什么大门上要画他们两个人而不是其他人？为什么他们被称为门神？

（教师引导学生回答）

师：（播放课件，讲故事）传说在唐太宗李世民时，宫中经常闹鬼，致使唐太宗重病缠身，夜不能寐，群臣提议让他手下的大将秦叔宝、尉迟恭每夜披甲持械守卫于宫门两旁，说来神奇，宫中果然平静了下来。久而久之，太宗觉得秦琼、尉迟恭两位大将太辛苦了，便令宫中画师绘制二位将军的威武形象，悬挂于宫门两旁。后来这种形式就流传到民间，并在民间广为流传。贴门神驱鬼辟邪就是这样产生的。我们把贴在门上的门神称为年画，今天，我们就来尝试画门神。那既然要画门神，我们就要对门神的形象有所了解。

引导学生说出：①对称，但又不完全对称；②人物形象凶神恶煞，让人敬畏；③色彩鲜艳，线条粗黑；④构图丰满，形象夸张。

师：接下来我们通过视频看看民间的年画作品是怎样完成的，思考我们可以用什么材料来完成。

（学生观看视频并思考）

生：水粉、水彩、油画棒、彩色铅笔等涂色。

（PPT 演示门神绘画方法，学生仔细观察）

师：现在，就让我们拿起手中的画笔试着画门神，看看哪位同学画出来的门神最神气。

（学生绘画，教师巡回指导并进行学生作业展示）

学生作品如图 4-1 至图 4-8 所示。

图 4-1　学生作品一

图 4-2　学生作品二

图 4-3 学生作品三　　　　　　　图 4-4 学生作品四

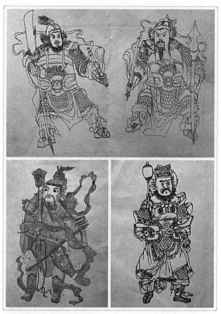

图 4-5 学生作品五　　　　　　　图 4-6 学生作品六

图 4-7　学生作品七

图 4-8　学生作品八

小结：民间美术是劳动人民创造的用以表达审美理想、美化环境、丰富民间风俗活动和在日常生活中应用及流行的美术，希望今天对门神绘画的学习能够使大家对我们的民间美术有更深的了解和热爱。

二、《学画农民画》教学案例

（一）教材分析

《学画农民画》这一课是在学生学了《生活中的暖色》与《生活中的冷色》的基础上安排的一节造型·表现领域的课，需要学生尝试运用写实、夸张、抽象、装饰等造型元素与对称、均衡等形式原理进行创作与表现，表达自己的思想与情感。这一课笔者已上过好几次了，但学生老是对《学画农民画》有畏难情绪。经过反复实践，笔者发现首先要设法降低本课的难度，由原来的创作一幅农民画改为添画或改画一幅农民画。笔者带领学生充分分析了农民画后，总结出了其装饰图案生活化，以人物、动物、植物为主，造型夸张、变形，色彩对比强烈、艳丽，以原色、间色为主，构图饱满的特点。笔者还让学生初步尝试用 5 分钟的时间完成一张未加图案、色彩的农民画小稿。在这之前先提问："如果让你为这幅画添加图案与色彩，你想怎样添加？"然后通过展评学生作业，发现图案过小、单一、没有中心，色彩对比不强烈、不艳丽、杂乱等问题。针对出现的问题，笔者又进行了示范，并让学生发表意见，参与图案与色彩的添加。例如，在添加图案时注意对称与均衡，涂色时注意色彩冷暖与深浅的搭配，如深红配浅绿、紫色配浅绿或浅黄、橙黄配深绿等。这样一来，学生再一次进行艺术实践时，他们的造型表现能力得到了极大的提高，创作激情极其高涨，避免了初次实践时的种种弊端，创作了一批像样的农民画。于是，经过笔者的反复修改，形成了以下教学设计方案。

（二）《学画农民画》教学设计

1.教学目标

第一，欣赏农民画作品，了解农民画的定义、特点与装饰方法。

第二，通过欣赏、讨论、尝试、小组合作、探究等方法，添画一幅教师提供的农民画作品。

第三，感受农民画的艺术特色，了解艺术源于生活，热爱民间艺术。

2.教学重难点

教学重点：了解农民画的艺术表现形式，运用农民画装饰手法添画一幅农民画作品。

教学难点：添画图案的内容、方法、主次以及色彩的艳丽、夺目。

3.教学过程

（1）欣赏农民画，初步了解农民画

课件出示《山间蜜糖果》《舞龙》《猴吸烟》《喂鸡》四幅农民画作品，让学生带着问题欣赏。设问：这些画描绘的都是什么内容？①学生观看作品并分析，总结出画面上所表现的都是农民生产、生活的内容。②教师根据学生回答提炼总结，农民画是我国民间艺术的一种绘画形式。农民画顾名思义就是农民的画，是以描绘农民生产生活为题材的画。

（2）分析总结农民画的特点

按小组发放一组农民画作品，学生带着问题探究讨论：农民画的装饰图案与造型有何特点？主要用了哪些颜色？是如何搭配使用的？与生活中的颜色有何区别？农民画的构图如何？

预设回答：①农民画的装饰图案生活化，以动、植物为主，借鉴了国画、剪纸等民间艺术，造型夸张、变形。②农民画主要用了原色与间色，冷暖色搭配使用，比生活中的色彩更加艳丽夺目，感觉农民很快乐，无忧无虑。③农民画的构图饱满，画满了各种装饰图案。

教师根据学生回答进行总结。①装饰图案：生活化——以人物、动物、植物为主；②造型：夸张、变形；③色彩：艳丽——原色、间色；④构图：饱满。

（3）学生初步实践，发现问题，突破难点

教师出示一张未加图案、色彩的农民画小稿，提问：如果让你为这幅画添加图案与色彩，你想怎样添加？

学生用 5 分钟的时间完成作业。

展评学生作业，发现问题，预设问题：①图案过小、单一、没有中心；②色彩对比不强烈、不艳丽、杂乱等；③教师总结所发现的问题，提出改进建议。

（4）教师示范，进一步突破难点

教师示范添画一幅小稿，学生发表自己的想法，参与绘画。

教师总结：装饰图案应主次分明，点、线、面相结合；色彩可以一种原色或间色为主，再搭配其他颜色。

（5）学生再次艺术实践，教师辅导

为学生每人发放一幅 16 开纸大的只有轮廓的作品。第一组为一条大鱼，第二组为一只蝴蝶，第三组为一个花瓶，第四组为一件上衣。

作业要求：请你运用农民画装饰手法添画一幅农民画，并涂上艳丽的色彩。

（6）展评学生作业

评价要点：①装饰图案是否生活化，以人物、动物、植物为主；②图案造型是否美观、紧凑，具有夸张、变形等特点；③色彩是否多用原色与间色达到艳丽夺目的效果。

学生自评、互评、教师点评。

（7）总结与拓展

随堂测试：农民画是我国民间艺术的一种绘画形式，它具有（　　）的想象力、（　　）的表现手法、（　　）的色彩和（　　）的构图。

师：农民画是我国民间艺术的瑰宝，它与我国的民间刺绣、国画、剪纸、木版年画等传统民间艺术共同构成了我国灿烂与悠久的民族文化，我们要让这种艺术永远传承下去。下课后，可尝试画一幅 4 开纸大的农民画挂在自己家中，美化我们的生活。

4. 教学反思

本节课，笔者为学生每人发放一幅只有轮廓的作品。第一组为一条大鱼，第二组为一只蝴蝶，第三组为一个花瓶，第四组为一件上衣。作业要求是运用农民画装饰手法添画一幅农民画，并涂上艳丽的色彩。笔者采用了"两实践、两展示"

的教学形式，降低了作业难度。在第一次实践中，笔者发给学生的是一张小稿，让学生用5分钟的时间添加图案并涂色。结果发现一些弊端：图案过小、单一、没有中心；色彩对比不强烈、不艳丽、杂乱等。经过学生自评、互评和教师点评后，学生进行了第二次艺术实践。学生学会了装饰图案以人物、动物、植物为主的生活化装饰手法，造型要夸张、变形，色彩要多用原色、间色来表现艳丽，构图应饱满。结果，大部分学生绘制出了比较满意的作品，达到了教学目标的要求。

但是，本节课还有一些学生没有当堂完成作业，如果采取合作完成作业的形式可能会取得更好的效果。

第二节　设计·应用

"设计·应用"学习领域是指运用一定的物质材料和手段，围绕一定的目的和用途进行设计与制作，传递与交流信息，改善环境与生活，逐步形成设计意识和实践能力的学习领域。本学习领域中"设计"的含义既包括现代设计的理念与方法，也包括传统工艺的思想、制作手段与方法。

"设计·应用"学习领域以学生形成设计意识和提高动手能力为目的。教学内容的选择应贴近学生的生活实际，将学科知识融入生动的课程内容，密切联系社会生活，关注环境和生态，突出应用性、审美性和趣味性，使学生始终保持浓厚的学习兴趣和创造欲望。下面介绍设计·应用相关领域的教学案例。

一、《民间刺绣》教学案例

（一）课题

中国文化源远流长，博大精深，刺绣作为一种民间艺术形式，瑰丽奇异，散发着浓郁的民族气息和活力；即使经历了千余年沧桑，仍深深地扎根在这块黄土地上，以鲜明的民族特色和顽强的艺术生命向世人展示着它的风采。

（二）教材分析

本课属于初中阶段"设计·应用"领域的教学内容。《民间刺绣》总计5课时。其中，第1课时了解中国刺绣、民间刺绣及画铅笔稿；第2课时画铅笔稿；第3、4课时在铅笔稿上上色并刻画细节；第5课时完成作品及点评。

本教案为第 1 课时教案，设计思路为：本课是继本册教材第 3、4、5 课后，将所学同类色、邻近色及色彩对比与调和知识结合进行的一次综合实践。内容是设计民间刺绣色彩关系，涵盖了色彩知识的应用和面向生活中的色彩审美评价。本课程对提高学生将色彩知识应用于生活的能力，提升学生喜爱民间刺绣、热爱民族文化的情感起到良好的作用。

（三）学情分析

初一年级的学生处于青春期，对一切新鲜的事物都比较感兴趣，特别是美术课中一些富有特色的内容。第 17 课《民间刺绣》正是能够充分激发学生兴趣的一个课题，有助于加强学生对传统文化的深刻认识，使学生自己动手把创意构思与色彩搭配相结合。在欣赏和实践相结合的过程中，学生将体会到无限的成就感和乐趣。

（四）教学目标

1. 知识与技能目标

第一，认识了解民间刺绣及其独特的表现力。

第二，学会用绘画形式进行民间刺绣临摹或创作。

2. 过程与方法目标

第一，学生通过欣赏、分析，能够了解民间刺绣传统艺术的创作内涵和表现手法。

第二，学生通过讲解、演示、探究等活动，能够理解绘画形式的民间刺绣。

3. 情感态度与价值观目标

教师通过作品欣赏引导学生感受作品的内涵，培养学生的审美情趣和创新能力，提高艺术素养，加强传统文化教育；促使学生更加关注生活，热爱生活；激发学生学习传统文化的兴趣，培养学生对民族文化的感情。

（五）课型

新授课。

（六）课时

1 课时（此内容共 5 课时，本课为第 1 课时）。

（七）教学重点

了解民间刺绣绘画及其作画步骤，能灵活运用所学色彩知识进行构思创作。

（八）教学难点

对美术中绘画语言表现能力的训练及创作。

（九）教学方法

教学以讲授、引导、启发、示范和学生实践练习的形式进行。

（十）学法指导

观察与欣赏，想象与实践，构思与求新。

（十一）教具

教师：美术书、课件、民间刺绣的相关资料。
学生：美术书、民间刺绣打印稿、铅笔、6K 水彩纸、橡皮等。

（十二）教学过程

1. 激发兴趣，导入新课

首先出示三张图片，如图 4-9 所示，请学生猜猜看（名称、作用），从而引出课题。

图 4-9　学生猜图

【设计意图】调动学生的积极性，激发学生对学习本课主题的兴趣。

2. 讲授新课

（1）什么是刺绣？

刺绣是中国一种古老的手工艺术，俗称"绣花"，是按照设计要求，用绣线在织物上绣成各种图案的一种技艺。刺绣以千变万化的姿态装点着我们的生活。如图 4-10 所示。

图 4-10　刺绣

【设计意图】增加直观感受，加深印象。

小活动：看看展台上放的刺绣实物，比较它们的不同之处。

（学生回答，教师补充总结）

（2）了解中国刺绣

据《尚书》载，早在 4000 多年前的章服制度就规定"衣画而裳绣"。汉代时，刺绣已达到很高水平，唐宋盛行，明清再度复兴。中国刺绣最突出的有江苏的苏绣、湖南的湘绣，广东的粤绣和四川的蜀绣，并称谓"四大名绣"。

（3）精美刺绣图片欣赏

学生小组讨论：你觉得这些作品美在哪儿？

教师小结：①绣工精细；②色彩搭配协调、自然。

（4）民间刺绣

第一，民间刺绣的自然性、地域性。我们常说民间刺绣是淳朴的、粗犷的，这种艺术造型特征，更多地来自自然的造化。"天人合一，万物有灵"，古人十分重视地理环境、自然状况，并把自然环境与生产劳动、工艺创造结合在一起，《考工记》中说"天有时，地有气"，表现的就是造物与自然的关系。世界上的生物靠一定的自然环境而生存，而造物又依赖这种存在而创造，可见一切造物活动包括民间刺绣的造型创造都与自然相互依存，具有密切关系。

不同的地域、地貌有不同的地域文化特征，对民间刺绣造型和风格样式起到不同的制约作用，这必然造成民间刺绣在造型特点上的差异性和多样性。

第二，民间刺绣的民俗性。民俗是创造于民间，传袭于民间的一种文化现象。民间刺绣创作源于民俗活动，在题材选择和造型形式上必然受到民间的影响。比如，喜庆的日子中的剪纸、刺绣题材都是"喜鹊登梅""吉星高照"等，造型手法与符合题材所表现的内容相一致。这样才能取得良好的实用目的和装饰效果，也符合民众的心理习惯和民俗活动气氛。

第三，民间刺绣的色彩特点。民间刺绣的色彩特点常表现为饱满、艳丽、清新，多施以纯度较高的原色，不拘泥于物象原有的基本色调，色彩搭配多采用强对比手法，色彩风格既和谐统一，又鲜艳浓郁。

在绘制民间刺绣时，可参考民间美术色彩口诀，进行色彩调配或做色彩适当调整，以达到民间刺绣画面的色彩协调与和谐。其口诀为："软靠硬，色不楞。黑靠紫，臭狗屎。红靠黄，亮晃晃。要想俏，带点孝。要想精，带点青。文相软，武相硬。红忌紫，黄喜绿，绿爱红。"

第四，民间刺绣的寓意象征。民间刺绣历经数代人的延绵传续，不断发展创新，逐渐形成了自己独特的风格。民间刺绣多属生活实用型，凡日常生活用品和衣帽服装（以妇女、儿童为主），都可用刺绣加以装饰，如衣服的袖口、衣领、裙边、围裙、幼儿肚兜、帽子等。这类物品都被各种不同寓意的吉祥纹样所装饰，表现出妇女们对亲人的祝福和对美好生活的向往。民间刺绣的图案纹样，一般多采用喜庆、吉利的象征，或是通过字音相同的"谐音"，表达对生活的美好祝愿。它融合了人民群众的欣赏习惯，渗透着各地的民间风情，如图4-11所示。

图4-11　民间刺绣

【设计意图】用情境引发情感，用情感引发表现。培养学生的艺术表达能力、审美创造能力。通过各种方式引导学生活动，而且给予学生积极的鼓励，并为此营造了自由、轻松的教学氛围。

（5）民间刺绣绘画步骤

民间刺绣绘画步骤如下（以笔代针在纸上画出民间刺绣，画出其色彩、针法特点）：①画铅笔稿；②在铅笔稿上涂颜色（水彩、水粉或国画颜色）；③刻画细节；④作品完成。

3. **实践与体验**

临摹或创作一幅民间刺绣作品（本节课画铅笔稿）：①画铅笔稿（刺绣图案不要过于复杂，也不能太简单）；②要求徒手画稿；③线条粗细均匀、流畅；④学生画稿，教师辅导。

【知识积累】刺绣又叫绣花或扎花，是中国优秀的民族传统工艺，它是用不同颜色的丝线手工绣制的各种图案。刺绣与绘画有很大的关系，把自己喜欢的图案用画笔画出来，是一件很有意义的事情，不但能使人感觉到绘画的快乐，又能体会到刺绣作品的精美。

画刺绣图案有以下几个优点：①图案创新，可用传统图案或自创图案。②学生的耐性不好，他们在绘制民间刺绣时，需要轻松快乐的氛围。图案及刺绣的颜色简洁、大气，画时就较为轻松、快乐，容易出作品，这样可以激发和保持学生对画刺绣图案的兴趣。③学生作品稚朴可爱，衬上水彩纸，别有趣味。

【设计意图】现代教育理论告诉我们：人在劳动中成长，在不断的劳动中获得发展。在教学中，只有让学生亲历各种实践活动，才能不断解决学生现有发展水平和自身期望之间的矛盾，使其逐步形成自我超越、自我创造的精神。

让学生在已有理论的基础上亲自动手做一做，分享创作带来的快乐，使课堂成为生活的大舞台，变成学生展示才华的大舞台，有利于学生自我发展，使学生的主体性和创造性得以发挥。

4. **本课小结**

通过前面的活动，学生对刺绣有了一定的了解。刺绣是一项精细的活动，需要细心、耐心、小心操作。在绘制过程中，教师应注重引导学生总结刺绣色彩绘画设计中有哪些巧妙的方法，又遇到了哪些困难，是怎么解决的。

【设计意图】注重了理论联系实践，学生在自己动手的基础上能真正解决实际问题。

本课对民间刺绣进行了赏析。中国民间刺绣内容十分丰富，我们应以本课学习为起点，并可对本地区的民间刺绣进行探究，树立热爱家乡、热爱中华民族的精神。

二、《美丽的纹样》教学案例

【课题】美丽的纹样

【授课人】吴琼

【版本、年级】人教版八年级下册"设计·应用"学习领域第二单元

（一）教材分析

本课属于"设计·应用"学习领域，本单元是为了让学生了解纹样与生活的联系而设置的，在上一节课中，学生已经对纹样有了初步的认识和了解，这节课来学习适合纹样的设计，符合由简到难、循序渐进的学习规律。

（二）教学目标

了解适合纹样，并能掌握纹样的设计方法。

1.知识与技能目标

了解适合纹样的基本知识，掌握其图案装饰的一般规律。

2.过程与方法目标

能依据纹样的构图形式设计一个美丽的适合纹样。

3.情感态度与价值观目标

通过欣赏和设计适合纹样，提高学生的审美、设计能力以及美化生活的能力。

（三）教学重难点

1.教学重点

知道什么是适合纹样，从而尝试设计出新颖、美观的适合纹样。

2.教学难点

学习基本骨架的绘制，掌握适合纹样的设计方法。

（四）教学过程

1.激情导入新课

师：今天我们玩一个填图游戏。

（出示填图游戏）

师：老师给大家准备了几个基本形，分别是方形、圆形、三角形。我把它们平均分成许多份，并在其中的一份或两份中画上简单的图案，请大家根据图中的图案规律完成填图。

师：现在我们再看这三个基本形，发现和刚才的简单图案变得怎么样了？

生：好看、美观。

师：这么美丽的图案，老师也想画上几笔，请同学们观察它的变化（老师进一步加工），现在怎么样了？

（学生回答）

师：这些简单的图案经过组合、上色等手法的处理以后，就变成了非常美丽的纹样，今天我们就要学习《美丽的纹样》。

2. 探索学习

师：请同学们再去观察黑板上的纹样，有什么共同的特点？

（1）了解适合纹样

师：刚刚我们欣赏的图案都有一个共同的特点，就是去掉了它们的外形以后，里面的图案形成的形状仍然跟外面的形状一样，也就是说这些图案都非常适合它们的外形，我们把这样的图案叫作适合纹样。

（2）纹样的构图形式

纹样的构图形式包括对称式、放射式、旋转式、均衡式（教师范画或者参照课本图例），注意基本骨架线的应用（显性和隐性的骨架线表现方法）。

师：我们在设计适合纹样时是不是只能画这样的内容？

（3）纹样的题材

纹样的题材包括动物、风景、人物、植物、几何图案、抽象图案。

师：现在，题材和构图形式都完成了，我们接下来该干什么了？

（4）纹样的色彩搭配

同一色相配色：用同一色相做不同明度的变化，这种配色色调易于统一，但要注意明度变化。

类似色相配色：采用色相类似的颜色进行纹样配色，如黄、黄绿、绿。其色调统一又富于变化。

对比色相配色：红与绿这样的搭配色彩明亮、生动、活跃、强烈。

单色：选择一种颜色进行表现。

师：现在我们对适合纹样的题材、构图形式、色彩搭配有了一定的了解后，大家是不是觉得适合纹样并没有那么难？但是我们在设计中还要注意概括、夸张、想象等手法的应用，这样设计出来的纹样才具有更强的装饰美感。

3. 学生练习

师：利用我们刚才学习过的知识完成一个适合纹样的练习。

4. 作业展评

自评—互评—师评（遵循新课程的理念，做到评价方式的多元化，以鼓励为主）。

5. 小结

师：同学们今天的设计都非常精彩，相信你们这些小设计师们，以后一定能让我们的世界变得更美。

第三节　欣赏·评述

"欣赏·评述"学习领域是指学生通过对自然、美术作品和美术现象等进行观察、描述和分析，逐步形成审美趣味和美术欣赏能力的学习领域。学生除了通过欣赏获得审美愉悦之外，还应认知作品的思想内涵、形式与风格特征、相关的历史与社会背景，以及作者的思想、情感和创造性的劳动，并用语言、文字、动作等多种方式表达自己的感受与认识。下面是有关欣赏·评述的几个相关教学案例与教学设计。

一、《走进民间美术》教学案例

【学习领域】欣赏·评述
【课时】1课时
【实践班级】延安市实验中学初二5班（57人）
【授课教师】吴琼
【教学资源背景】

本课是一个关于民间美术的课题，重点是以民间美术主题为中心展开介绍。吉祥幸福的主题使得民间美术在作品的内容、形式、造型以及色彩的运用上，总是体现着热情与欢快，包含着乐观与自信，充满着智慧与情趣，洋溢着幸福、平安、喜庆与祥和的气氛，表达了世世代代劳动人民热爱美好生活、祈福纳祥的希望和信念。

【学情分析】

学生有民间美术基本的实践经验，也积累了一定的基础知识和技能，但是对民间美术的具体概念、分类和特征不是很明确。

比如我校学生在实践层面，初一进行过单一的团花、剪纸、泥塑等作品的创作，在认识层面能说出《连年有余》《喜上眉梢》等最大众化的吉祥寓意作品，生活中也见过一些民间美术品，但这些认识基本上是一个个零散的"珠子"，本课的学习可以让学生将这些散落的"珠子"系统地串联和归拢，从而认识这串"珠子"的整体特征。

本课对学生来说，应该既对前期知识进行比较系统的回顾整理，又需获得更深更广、更有创新与传承意味的新知识和技能。

【教学目标分析】

知识与技能目标：学生通过欣赏诸多民间美术作品，能够了解民间美术的概念及种类，初步了解寓意和象征、对称和均衡以及构图饱满丰富等表达美好主题的方法。

过程与方法目标：学生通过对民间美术作品的观察、赏析、学习与实践，能够多角度认识与思考民间美术作品的美好寓意及表达方法。

情感态度与价值观目标：学生能够对民间美术产生较为完整的认识，能够理解和认同民间美术的美好精神寄托，能体验拼贴的实践乐趣，对民间美术的喜爱程度和审美能力有所加强。

【重难点分析】

教学重点：民间美术的概念、种类，民间美术的主题和表达主题的部分方法。

教学难点：民间美术的寓意性和象征性。

【教学方法】

本课的教学采用欣赏、评述、演示和实践相结合的教学方式，引发学生思考、探究和创作。

【教学准备】

多媒体、相关音乐、进行短片制作的各种材料及作品。

【教学过程】

（首先导入探究课题）

师：今天我们先来观看一段视频。

（播放视频《俏夕阳》。2006年春节晚会，以唐山皮影艺术为题材的舞蹈《俏夕阳》深受观众的喜爱，以皮影舞蹈的形式烘托出春节欢快喜庆愉悦的氛围）

师：在视频中你们看到了哪些民间元素？

生：皮影、剪纸等。

师：皮影是融音乐、舞蹈、美术、戏剧等民间文艺于一体的艺术形式，广泛流传于民间，并且是民间美术的重要组成部分，而剪纸也是我国流传上千年的民间美术。今天就让我们大家共同走进民间艺术。

（引出课题"走进民间美术"）

师：今天老师带来了很多民间美术作品，现在请一位同学到讲台上来看看你认识什么并展示给大家。

（引导学生说出虎头鞋、十二生肖、刺绣枕套、剪纸、泥塑、风筝等）

师：人们一般把所有这些作品统称为民间美术，那你对民间美术了解多少？①我们以前学过些什么民间美术？②它们是什么人创作的？③又为什么创作？首先我们来看看什么是民间美术。

民间美术是广大农村劳动人民为了满足自身精神生活的需要而创作的美术作品，包括年画、剪纸、风筝、刺绣、玩具等。

民间美术是相对于专业而言的，它的创作基本上是以农民为主从事物质生产的劳动人民。

民间美术与人民的生活息息相关，并有很强的集体程式性特征，带有浓郁的民族性和地方特色，它与宗教、风俗有密切联系。民间美术在百姓中世世代代应用和流传，表达了对吉祥、幸福等美好生活的祈盼。

师：那民间美术又有哪些主要的表现形式呢？

（教师引导学生说出剪纸、年画、刺绣、民间玩具、民间雕塑）

师：接下来我们就分别了解这些不同表现形式的民间美术。

第一，剪纸。剪纸是我国最普遍、最单纯的民间美术，是用于装饰、烘托节日气氛的一种民间艺术，同时是各种民间美术的基础。早在汉唐时代，就有用金银箔剪成花鸟，贴在鬓角或额头做装饰的风尚。后发展成节日中剪成各种花草、动物、人物故事等贴在窗户上、门楣上作为装饰。例如，结婚时的喜花，春节时的窗花、门笺，还有炕围花、顶棚团花、灯花等，用来表达喜庆祝福的意思。

欣赏剪纸作品，感受寓意"喜上眉梢""连年有余""马上封侯"等。

第二，年画。年画，又称木版年画，是一种运用木板彩色套印在纸上的画种。它是我国民间过年时张贴的一种民间画类，用以除旧岁，迎新春，以满足纳福迎祥、万象更新的民俗需要，同时营造节日的喜庆欢乐气氛。

年画的题材内容丰富，主要有六神（天、地、灶、仓、财神及弼马温）图像，用于敬神活动以祈来年幸福安康，如《赐福生财灶王》《门神》。

欣赏中国四大年画《连年有余》《福善吉庆》《刘海戏金蟾》《一团和气》，感受其寓意。

第三，刺绣。刺绣在中国有悠久历史，古称"黹""针黹"，又称"针绣""扎花"，俗称"绣花"，因多为妇女所作，故属于"女红"的重要部分。据《尚书》载，古代帝王服装即为刺绣和手绘而成。汉以后刺绣技艺和水平大有提高，绣法多端。唐宋以后还用于绣作书画。

欣赏中国四大刺绣流派特点并重点分析《封侯多寿》，引导学生理解其寓意，"蜂"同"封"，"猴"同"侯"，桃子寓意多寿，合之"封侯多寿"。

第四，民间玩具。指民间专供儿童玩耍游戏的器具。

师：你们小时候都玩过吗？

（引出泥玩具、风筝、布玩具活动玩具）

第五，民间雕塑。雕塑艺术是中国文化中的瑰宝，是造型艺术的重要门类，分为雕刻和塑造。雕刻分为玉雕、石雕、牙雕、木雕、竹雕、微雕、刻砚、煤精雕、冰雕、根雕、砖雕、柳雕、核雕等。塑造艺术主要有泥塑、瓯塑和面塑三种。

欣赏泥人张、黄陵面花、石雕和砖刻，理解其寓意性。

师：中国的民间美术在题材的表现和图形中蕴含的寓意等方面多如运用人物、走兽、花鸟、器物等形象和一些吉祥文字，以民间谚语、吉语及神话故事为题材，通过借喻、比拟、双关、象征及谐音等表现手法，构成"一句吉语一图案"的美术形式，富有独特的格调和浓烈的民族色彩。欣赏了这么多的民间美术作品，根据我们刚才的分析我想考考大家。

也就是说，＿＿＿＿＿、＿＿＿＿＿是民间美术最重要的艺术特征。

（寓意性）（象征性）

小结：从这堂课中我们了解了民间美术的种类及艺术特征，以及怎样欣赏民间美术作品。"只有民族的才是世界的，只有文化的才是永久的"，一个民族没有自己的民俗文化是非常可悲的，希望同学们从自身做起，共同关注生活，关注民间美术，让民族文化传承下来。

【板书设计】

民间美术的分类：

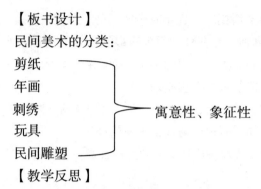

剪纸
年画
刺绣　　　　寓意性、象征性
玩具
民间雕塑

【教学反思】

教学的主要功能是教会学生学习，本课通过教师启发、引导、点拨，调控探究方向，以及学生自己合作探究，在宽松的教学情境中开展了丰富的教学活动，让学生在尽最大学力能够到达的区域内学习。知识是能力的基础，能力是知识的升华，升华的途径是应用与整合。学生通过应用使知识与方法得到整合，能够运用本课所学知识，立足实际，活学活用，回归生活，感到学有所获。教师既要关注学生掌握美术知识、技能的情况，更要重视对学生美术学习能力、学习态度、情感与价值观等方面的评价。教师应强化内在的激励作用，弱化评价的甄别与选拔功能。

二、《安塞农民画》教学案例

【学习领域】欣赏·评述

【课时】1 课时

【教学资源背景】

安塞农民画是融合了剪纸、刺绣、炕围画等民间传统艺术于一体的新诞生的民间艺术种类，是一种复合型的交叉学科，集造型艺术与视觉艺术于一体。尤其是地域文化对安塞农民画的影响，使得其表现方式也不同于其他绘画类别，有着独有的艺术魅力和审美内涵。

【学情分析】

七年级的学生刚从小学阶段过渡到中学阶段，思维活跃，敢于质疑，创造力强，审美感知能力通过小学阶段的学习有了一定的基础，但还没有深入的认知，需要激发与提高。

【教学目标分析】

知识与技能目标：引导学生通过了解安塞农民画的构图、色彩，感受本土文化艺术的不同魅力。

过程与方法目标：通过观察、临摹，指导学生学习绘画古老的传统纹样和构思。

情感态度与价值观目标：通过学习安塞农民画增加学生对民族民间艺术的喜爱之情，增强民族自豪感和自信心。

【重难点分析】

重点：引导学生了解民间艺术的不同审美思维。

难点：在临摹的基础上产生文化认同感和自豪感。

【教学方法】

赏析法、讲授法。

【教学准备】

多媒体课件。

（一）引导阶段

（播放《指尖上的传承——苏绣》视频一小段）

师：（提出问题）同学们，看完刚才的视频里的苏绣，有什么感受呢？

（学生分析、讨论）

出示薛玉琴的作品《牛头》，如图4-12所示。

图4-12 《牛头》

师：我们一起再来欣赏一幅作品，画面里表现的是什么？跟你以前欣赏的绘画作品有什么不同？

（学生讨论思考）

师：（总结并阐述这件作品）装饰性很强，也运用了剪纸里的植物花卉纹样来装饰。薛玉琴的绘画，把刺绣中的针法灵活运用，变成了绘画的笔法，形成了工巧细腻、色彩搭配丰富艳丽的绘画特色。

（二）发展阶段

师：同学们，我们再来欣赏一组图片，一起来感受色彩带来的视觉享受。

（分别从题材、构图、同色三个方面来欣赏讨论）

1.《蛇盘兔》（潘常旺）

安塞农村妇女喜欢用鸡蛋壳镶嵌画装饰自己的锅围、炕围。潘常旺是炕围、锅围画的能手。她制作炕围画时先用猪血和的黄土泥泥好墙面，然后把泡软的鸡蛋壳剪成小块，有的还染上颜色，根据自己的想法嵌贴和绘制，完成后再涂一层鸡蛋清，增加其光亮。炕围画上常用"鱼""抓髻娃娃""鹿"等纹样。如图4-13所示，这幅炕围画是陕北人最喜欢的吉祥纹饰。民谣说："要想富，蛇盘兔；蛇盘兔，必定富。"

图4-13　《蛇盘兔》

2.《下山牛》（常振芳）

常振芳爱画牛，她说她画的是下山牛，是犁完地回家的牛，回家的牛走路就是这个样子，大概是累了吧，如图4-14所示。

图 4-14 《牛下山》

3.《金鸡展翅》（朱光莲）

朱光莲喜欢画一只鸡、一只羊等单独形象，而且能够把这些形象刻画得丰富耐看。《金鸡展翅》是她生前的最后一幅画，如图 4-15 所示。画这幅画时，她已经病得很严重了，气喘得很厉害，画上一阵，就要休息一会儿，反复多次，直到把这幅画完成才放下笔。

图 4-15 《金鸡展翅》

【板书设计】

走进安塞农民画

作品赏析（题材、构图、用色）

【教学反思】

当第一次把安塞农民画以 PPT 的形式展示出来，让学生欣赏的时候，大部分学生都发出了赞叹，一致认为有一种不一样的"美"的感受，当教师问他们感觉哪儿跟原来欣赏过的美术作品不一样的时候，他们又说不上来，只是觉得好看。而安塞农民画就是延安本土的民间绘画，学生惊叹之余才发现原来这些优秀的民族民间艺术就在自己身边。

但学生对安塞农民画还只是初步的了解，还需要更进一步去感受它独特的艺术魅力，为民族民间艺术的传承贡献微薄之力。

第四节　综合·探索

"综合·探索"学习领域是针对原有美术课程过于单一和过于强调学科特点的弊病而提出的，其意义首先在于打破学科界限，在美术学习中实行三个层面的综合，即美术学习领域之间的综合、美术与其他学科之间的综合，以及美术与现实社会的综合。这些综合性学习活动能够帮助学生学会联系实际解决问题，使其所学的学科知识和社会生活挂钩，将美术学习纳入学以致用的轨道，让学生感觉到美术学习对自己人生的重要意义，从而乐于学习美术。"探索"是指学生主动寻求解决问题的方法的学习，是在已有经验和知识的基础上，努力向更高层次开拓进取的过程，其动力是学生自我发展的需要，而不是迫于学校或家长旨意的学习。显然，其中也包含着对每一位学生的尊重。虽然每个学生的心智有着与生俱来的差异，虽然每个学生的兴趣和意愿不同，但在精心设计的综合·探索学习活动中，却应使每一个学生都找到相应的位置，共同参与实践，在学习中有所收获。

下面通过对"综合·探索"学习领域的相关课程《走进安塞文化馆》教学案例进行具体分析设计。

【学习领域】综合·探索

【教学资源背景】

本课教学对教学资源内容进行了调整和补充，依次呈现为：①安塞区的地域环境；②安塞文化馆的基本介绍；③文化馆参观路线图。

【学情分析】

七年级学生的生理、心理不够成熟，社会经验不足，法律意识薄弱，大部分学生家长包办过多过细，学生的自我防范意识和能力很差，并且对意志的内涵认识并不深刻，有必要让学生对意志有更深刻的认识。另外，现在大多数学生是独生子女，生活条件相对比较优越，难免有些学生缺乏应有的锻炼，心理承受能力较弱，意志水平较低。从年龄特点来看，七年级学生好动、好奇、好表现，应采用形象生动、形式多样的教学方法和学生积极主动参与的学习方式，激发学生学习的兴趣。生理上，七年级学生好动，注意力易分散，爱发表见解，希望得到教师的表扬，所以在教学中应抓住学生这一特点，发挥学生的主动积极性。同时，我校学生的理论知识比较薄弱，但思维活跃，在课堂上敢于发言，素质整体上呈现多层次的特点。

【教学目标分析】

笔者基于地域民间美术教学提升学生文化理解力的实践研究方向，在分析学情后，依据美术课程标准，制订出以下表现性目标。

知识与技能目标：了解安塞区的地域文化特征，能有条理地说出安塞文化馆的民俗特色和本土文化魅力。

过程与方法目标：通过小组合作、讨论、归纳加强对安塞文化馆的认知。能主动积极地参与小组讨论学习。并通过引导探究，激发学生的文化审美素养，引导学生尝试用思维导图的形式画出安塞文化馆的参观路线图。

情感态度与价值观目标：通过教学激发学生实地参观学习的动机，认同并热爱本土文化，从而提升学生的文化理解素养，激发学生对地域文化的本土自豪感和自信心。

【重难点分析】

本课教学安排了两个重点内容：①主要由学生根据个人经验，通过讨论提炼归纳文化馆的功能，让学生客观了解文化馆在文化教育方面的作用，激发学生对安塞文化馆的参观动机。②在课堂上引导学生了解地域民族民间美术对当地文化的影响，并通过赏析优秀作品，尝试结合自己的审美认知创作一幅有农民画气息的作品，激发创意实践素养，提升文化理解力。

【教学方法】

情境激趣、合作探究、赏析导思。

【教学准备】

教师：PPT。

学生：美术课常规用具。

【教学过程】

师：你曾去过哪些文化馆？你觉得参观文化馆有哪些教育意义？

生1：我没有去过文化馆，只去过博物馆，可以增长知识，开阔眼界。

生2：我去过科技馆、纪念馆和博物馆，不仅可以增长知识，还能提高文化素养。

师：回答得很好，为这两位同学简练的作答点赞。不管是纪念馆、文化馆还是博物馆，它们都有共同之处，都承载着历史长河中灿烂的文化，我们从中能汲取很多养分，但很多人去博物馆或文化馆大部分是走马观花，并不十分了解如何参观。今天我们就一起走进文化馆。

（板书课题：走进文化馆）

分析：设问的意义在于从学生熟悉的生活实际切入，将学生带入情境，导入课题。同时再次了解学情，有序地开展教学。

（展示一段关于各种类型的馆的视频资料）

师：思考一下，说说你最有兴趣去哪一种类型的馆呢？

生3：我喜欢去历史文化气息浓厚的文化馆。

师：回答得很好。接下来我们思考一个问题，去文化馆参观之前，需要做哪些准备呢？我们可以用什么方法获取信息呢？

生4、5回答后教师总结：同学们说得很棒，归纳得也很详细。去文化馆参观之前应该了解文化馆的名称、地址、类型、开放时间，当然这些信息都可以利用网络进行搜集。

（板书关键词：搜集前期资料）

师：那么试着说说你去过的最有代表性的纪念馆或文化馆。为什么它们会成为具有代表性的？

生6：我是安塞区的，去过安塞文化馆，最具有代表性的是农民画和剪纸，尤其是农民画《蛇盘兔》给我留下了深刻的印象，颜色很丰富，但又不显得杂乱，反而统一，小动物尤其是蛇的身体里装饰了好多几何块面和云纹，非常漂亮，我没有见过这样的画，感觉很特别。

师：说得很好，尤其是对《蛇盘兔》这幅作品还进行了赏析。下面我们分小组交流、讨论一下，说说安塞文化馆的文化价值有哪些？

（小组讨论分析）

小组1：①安塞区独有的地域环境因素对农民画的发展产生了深刻的影响。②位于黄土高原腹地的安塞区，其地貌特征沟壑纵横，狭长的川道多，又被深刻的自然、历史以及社会文化背景熏陶着。③因为落后才限制了珍贵的民间艺术的传承。

小组 2：受到仰韶、龙山文化以及东汉画像石艺术还有石窟艺术的影响，大量古老民俗反映在了作品中。

师：两个小组都回答得非常好，老师为你们的博学感到骄傲。第 1 组从安塞区的地域环境方面进行了分析，第 2 组从其他艺术的影响方面进行了讨论。那么让我们一起走进安塞文化馆去一探究竟吧！

（幻灯片播放安塞文化馆内部展厅作品，学生通过图文情境带入）

（板书关键词：保存）

分析：通过层层设问，引导思考，带领学生探究学习。由学生根据自己搜集的资料进行分析讨论，提炼文化馆的社会价值和文化价值，教师加以补充和肯定，让学生能客观了解安塞文化馆在文化教育方面的作用。一方面激发了学生的学习热情，另一方面提升了学生对地域文化的理解力，有效地利用视频资源将学生带入情境，为下一步教学开展做了铺垫。

师：以小组为单位选择任务，利用十分钟的时间设计参观活动方案（以图形为主）。

任务 A：设计一个安塞文化馆参观活动方案。

任务 B：为同学们绘制一条从学校到安塞文化馆的参观路线。

任务 C：为来延安旅游的游客绘制一条安塞文化馆内部参观路线。

任务 D：为安塞区当地居民绘制一条参观路线。

任务 E：策划一次手抄报展示（以安塞农民画为题材），主持展示评价互动。

任务 F：以思维导图的形式展示安塞文化馆。

学生自由选择感兴趣的学习任务，教师进组辅导。学生组织并评价活动。

分析：本环节最大的亮点是教师通过给实践学习设定任务方向，让所有学生都能根据自己的兴趣自由选择创意实践的方向，能够激发学生的学习兴趣，增强实操性，同时以任务驱动、小组合作交流的方式提高了课堂时效性。学生组织和主持环节把课堂交给了学生。此过程通过综合学习体验，有助于提升学生的文化理解力、美术表现力、审美判断力、民族文化感知力。

师：安塞区独特的地域环境造就了很多丰富灿烂的民族文化，无论是剪纸、刺绣还是农民画，都较好地保存和传承了古老的地域民族文化。短短的一节课里，我们在时空与文明中感受着历史文化的魅力，让我们保持这种探索的热情，关注民间本土文化，继承民族民间文化。接下来布置课外拓展作业：①了解安塞区的民间艺术种类；②利用网络观看《指尖上的传承》系列纪录片。

【教学反思】

本节课基于核心素养五个维度中提升文化理解力这一维度，依据美术课程标准对综合实践学习领域的要求，选择《民间美术的神奇魅力》教学资源集中第二章农民画的内容在七年级展开教学实践。教师在明晰学情后设计、分解教学目标是本节课基于文化理解力提升课堂教学效果的基础。由此，教师切实遵照学生的认知水平，设计出学生在学习过程中知识、能力、情感态度与价值观的获得路径，树立符合学生认知逻辑条件的目标引导教学，以"情境带入、明确方向、探究发现、多样展示、关注结果"为逻辑流程，优化传统教学过程，助力提升学生的文化理解力。

第五章　高中美术教学领域设计与分析

高中美术教学分为必修、选择性必修与选修三个部分。本章分为美术鉴赏、绘画、中国书画、雕塑、设计、工艺、现代媒体艺术七部分，主要包括走进木版年画、动物黑白版画教学设计、中国书画的模块定位、雕塑的模块定位、设计的模块定位、工艺的模块定位、现代媒体艺术的模块定位等内容。

第一节　美术鉴赏

首先，美术鉴赏并不是单纯地对美术作品进行赏析，而是通过美术史、美术理论知识，研究美术作品的真伪、创作的年代、艺术质量的高低，或者对各种美术现象、美术思潮进行分析与评价。综观现行的一些高中美术教育，只重视对学生美的表现力和创造力的培养，却忽视了对美的感受力、鉴赏力的培养。也就是说，美术鉴赏课得不到真正的关注和重视，从而在一定程度上影响了学生对美的事物的感受力和追求美好生活的热情。没有对美的深刻认识，那么程序化创造出来的美只会流于表面。

其次，人们对艺术美的感知不是与生俱来的，必须通过后天的教育、培养、熏陶才能具备。美术鉴赏课通过感性直观、理性思考和富有启发性的教育手段，把一些抽象的艺术理论与美术知识融入对具体作品的分析探讨，让学生形成对艺术美的鉴赏能力和正确的审美观。

最后，既然高中"美术鉴赏"模块是九年制义务教育阶段美术课程"欣赏·评述"学习领域的高层次的拓展与延伸，那么这门课程的持续开设对学生的影响及作用也是不可小觑的。

美术鉴赏不仅拓展了学习范围，而且给课程的开发和教学的选择留有较大的余地。学生通过学习，加强了理论与实践的联系，逐步具备了一定的艺术鉴赏能力，教师可以启发学生充分利用地方的人文历史资源和相关美术资料，进行调查研究、走访、写作，做出自己的分析判断，以提高审美水平。教师切勿将美术鉴赏教学变成深奥难懂的文化研究课或专业技能课，这既不符合高中学生的认知规律，也脱离了课程目标。这就要求教师在安排教学内容时，注意灵活使用教材。

教学中，教师注意引导就能给学生一片绚丽的天空，学生就能插上想象的翅膀，成为创造的主人。教材、学校并不是知识的唯一源泉，大自然、人类社会、丰富多彩的世界都是人生的教材。优秀的鉴赏课应既充满改革精神，又符合常规要求。教师要根据实际情况对教材内容加以补充和进行适当取舍，充分利用多媒体教学，激发学生的学习兴趣，加强知识理解和巩固，提高学习效率。

教师应该充分利用自己专业优势，以美术教材为基础，进行优势互补。例如，教师可以以自己创作美术作品的过程为实例，对某一幅美术作品进行分析，这样教师分析得透彻，学生也学得明白。

教学中，鉴赏内容不在多，而在精与深，应重点突出，避免面面俱到。教师应遵循温故知新、循序渐进的原则，注意知识之间的相互联系。

另外，美术鉴赏课要体现它的审美本色，注重学科本位，把握学科特征，不能一味迎合学生的兴趣，将美术鉴赏课上成历史课或政治课而失去学科特征，以致忽视了新课标中规定的美术鉴赏的目的。

总之，美术鉴赏课首先应该发挥自身特有的审美功能，在此基础上运用各种有效途径，从而对学生的智慧和心灵产生综合的影响，达到鉴赏课真正的目的。

一、走进木版年画

木版年画是用传统的木版水印方法印制的年画。木版年画大多是以民情风俗、神话传说、花卉人物、鱼虫鸟兽为内容的。由于木版年画一般是在过年或喜庆节日时张贴使用，因此内容以欢乐、吉祥为主，寄托了人们对美好生活的向往。年画的形式是随着实用和需要而变化的。

（一）教学目标

知识目标：通过鉴赏了解中国木版年画的特点、内容与方法。

能力目标：培养观察、探索能力，提高鉴赏水平。

情感目标：通过鉴赏增强对木版年画的感知与理解，学会较理性地鉴别判断作品。

（二）重点与难点

重点：了解中国木版年画艺术，对比分析木版年画的风格特色。
难点：如何运用美术术语进行作品鉴赏。

（三）教具使用

幻灯片课件、木版年画作品、教师作品、学生作品、木版年画工具材料等。

（四）课堂活动方式

5～6人为一小组，分5组就座。

（五）教学过程

1. 提问导入新课

（1）你所理解的木版年画是什么？

提问：什么是木版年画？你在哪儿见过木版年画？木版年画一般作何用途？

师：木版年画来自民间，在中国有着上千年的历史，因其扎根在农村，与劳动者息息相关，就像小草一样具有顽强的生命力，不断延续发展至今，是一种为大众喜闻乐见的质朴的特殊艺术。

活动：每组发2～3张木版年画作品以供学生观察分析，如图5-1所示。

图 5-1　木版年画作品

学生讨论概括出木版年画的特点：装饰性强、造型夸张、寓意象征、画面完整、形象生动、主题突出、色彩鲜明等。

（2）中国四大木版年画

活动：利用图片列举四大木版年画。

河南开封的朱仙镇、江苏的桃花坞、天津的杨柳青、山东潍坊的杨家埠在历史上久负盛名，被誉为中国"年画四大家"。

师：观察这四组作品有何异同？

2.学生讨论，教师总结

朱仙镇木版年画历史最为悠久，可谓中国木版年画的鼻祖。朱仙镇木版年画主要分为阴刻、阳刻两种，有黑白画和套色画两种形式，采用的是手工水印。形式有文武门神、神像图、戏出和挂笺等两千余种。

朱仙镇木版年画有五大特点：一是线条粗犷，粗细相间；二是形象夸张，头大身小；三是构图饱满，左右对称；四是色彩艳丽，对比强烈；五是门神神码多，严肃端庄。朱仙镇木版年画可分为两大类：一类是神祇画，如灶君神、天地神等；另一类是门神类，朱仙镇木版年画中最多的就是门神，门神中以秦琼、尉迟恭两位武将为主。

桃花坞木版年画是中国江南主要的民间木版年画，主要有门画、中画和屏条等形式，其中门画可谓集历代门神之大全。

桃花坞木版年画是用一版一色的木版套印方法印刷出来的，工艺精美，一幅画要套印四五次至十几次工序。在色彩上，有桃红、大红、蓝、紫、绿、淡墨、柠檬黄等色。在艺术风格上，桃花坞木版年画构图丰富，色调艳丽，装饰性强，富有浓郁的生活气息。桃花坞木版年画的印刷兼用着色和彩套版，构图对称、丰满，色彩绚丽，常以紫红色为主调表现欢乐气氛，基本全用套色制作，刻工、色彩和造型具有精细秀雅的江南民间艺术风格，主要表现吉祥喜庆、民俗生活、戏文故事、花鸟蔬果和驱鬼避邪等民间传统审美内容。民间画坛称之为"姑苏版"。

杨柳青木版年画通过寓意、写实等多种手法表现人民的美好情感和愿望，尤以直接反映各个时期的时事风俗及历史故事等题材为特点。如年画《连年有余》，画面上的娃娃"童颜佛身，戏姿武架"，怀抱鲤鱼，手拿莲花，取其谐音，寓意生活富足，已成为年画中的经典，广为流传。

杨柳青木版年画取材内容极为广泛，诸如历史故事、神话传奇、戏曲人物、世俗风情以及山水花鸟等，特别是那些与人民生活密切关联的题材，以及带有时事新闻性质的题材等，不仅富有艺术欣赏性，而且具有珍贵的史料研究价值。杨柳青木版年画的制作程序大致为创稿、分版、刻版、套印、彩绘、装裱。

山东潍坊的杨家埠始于明代，兴于清朝，重喜庆、浓彩、实用，多反映理想、风俗和日常生活，构图完整匀称，造型粗壮朴实，线条简练流畅。根据农民点缀生活环境的实际需要，主要有大门画、房门画、福字灯、美人条、站童、爬童、月光等，具有浓厚的民间风味、乡土气息和节日氛围。

杨家埠木版年画题材广泛，表现内容丰富多彩，有神像类、门神类、美人条类、金童子类、山水花鸟类、戏剧人物类、神话传说类等，同时也有反映民间生活、针砭时弊之作，但喜庆吉祥是杨家埠木版年画的主题。诸如吉祥如意、欢乐新年、恭喜发财、富贵荣华、年年有余、安乐升平等，像亲人的祝福、似好友的问候，构成了农民新春祥和欢乐、祈盼富贵平安的特点。"巧画士农工商，描绘财神菩萨，尽收天下大事，兼图里巷所闻，不分南北风情，也画古今轶事"。杨家埠木版年画的主要内容包括六大类，即过新年、结婚、农忙等风俗类，年年发财、金鱼满堂等大吉大利类，门神、财神、寿星、灶王等招福辟邪类，包公上任、三顾茅庐、八仙过海等传说典故类，打拳卖艺、升官图等娱乐讽刺类，三阳开泰、开市大鸡、四季花鸟等瑞兽祥禽花卉风景类。

（1）如何鉴赏一幅木版年画？

活动：根据手中的木版年画作品，尝试分析其优缺点。

可以尝试运用木版年画的特点去分析，如造型处理、构图安排、题材内容等。

教师引导方向：①构图造型——单纯而失丰富易单调，丰富而失单纯则紊杂；②生活气息——将各地浓郁的生活色彩融入作品，作品形成独特的风格而富艺术性。

师：全国各地都能见到木版年画。在中华大地上，各地风格不同，每一位艺术家又独成一体，令人目不暇接，叹为观止。

（2）山东有木版年画吗？

活动：小组讨论。

师：山东木版年画要想有所发展，应形成什么样的风格特色？

（各小组讨论并发表小组观点）

师：请看一组山东木版年画作品。

（以山东民间音乐为背景导出山东木版年画作品，教师旁解）

师：这些农民木版年画让你产生了哪些感想？

3. 小结

师：一次又一次，我们为这平凡的艺术惊叹，因为没有任何一种艺术形式像木版年画一样如此贴近生活，如此根植于大众。

4. 教学反思

把木版年画鉴赏作为一堂课来上,这在以前的教学中还没有过,有着很大的难度,笔者认为中学生学会鉴赏比学会制作来得重要,也只有这样才能更好更有效地开发课外资源,加深学生对民族艺术的认识和了解。

二、版画欣赏和技法简介

【教学课题】版画欣赏和技法简介
【教学年级】高一年级
【课型】探究课
【教学课时】2 课时

(一)教学目标

知识与技能目标:初步了解版画特点,知道版画是一种间接性的绘画形式,是通过制版与印刷完成的,并具有复数性的平面作品。

过程与方法目标:教师演示、讲解并引导,使学生欣赏、理解、感受。

情感态度与价值观目标:本课给学生提供一个实践、探究的空间,发展学生的艺术感知能力和造型能力,以及小组合作意识。

(二)教学重点

版画的制版与印刷特性了解。

(三)教学难点

培养学生的动手能力,使其理解凹凸的概念以及在实践中的应用。

(四)教具

教材、教案、课件。

(五)教学过程

1. 组织教学

首先组织学生提前预习教学内容,然后教师开始讲解。

2. 导入新课

播放一段奥运会片花,主要场景是人们相互用印的方式传递奥运会会徽,然后让学生谈谈片花中最多的动作是什么。引导学生思考以往一提到绘画想到的是用笔在纸上作画，但是从这段视频认识到人们相互用印的方式传达出来的也能成为画，所以今天用印的方式来作画，一起学习"单色版画"一课，导出本课。

3. 讲授新课

（1）版画的定义

版画是一种间接性的绘画形式，是通过制版与印刷来完成的，请学生思考版画的最大特性是什么，让学生直观感受版画具有复数性的特点。

（2）对比展示

展示两幅图片，请学生对比这两幅作品有什么区别（一幅有颜色，一幅无颜色）。

得出单色版画是一种颜色的版画的结论。

教师通过对比，让学生更清晰地观察到单色版画和多色版画之间的区别。

（3）版画的种类

请学生说一说版画有哪些种类，教师归纳总结，如木刻版画、铜版画、丝网版画、石膏版画、实物版画……

在种类的归纳上，从身边的事物引导学生分析、思考，让学生认识到其实很多版画的种类就在我们身边，离我们并不遥远。

（4）制作版画的工具

包括刻刀、油碳、墨等。

出示幻灯片以及实物展示。

（5）图片对比，找出不同

对比两幅图片，请学生找出不同之处，教师总结出阴刻与阳刻两种技法。

在学生总结完之后规范印刻与阳刻的定义。

制作版画的步骤：画稿—制版—印刷—完成。

4. 布置本课作业

以个人或小组为单位制作一组单色版画作品，要求用色和谐，作品要有创意，可以以风景、人物、动物为主。

5. 师生共同总结

以个人或小组为单位到台前评价自己或他人的作品，加强学生的自我评价能力。

第二节　绘画

　　绘画模块是普通高中阶段美术学习六个选择性必修模块之一，而且是大多数学校最可能选择开设的模块之一。绘画模块的学习可以有效地帮助学生感受造型活动的基本规律，提高表现能力。

　　绘画是在义务教育阶段"造型·表现"学习领域基础上的进一步提高与拓展。它是非专业的技法学习与表现，重在体验与引发思考，同时帮助学生掌握初步的技法。下面对版画相关教学案例进行介绍。

一、动物黑白版画教学设计

（一）教学目标

　　情感目标：欣赏木版画作品，体悟版画的独特艺术美，提高学生的艺术欣赏能力。

　　认知目标：引导学生认识版画的表现语言，感受版画与一般绘画的异同。

　　技能目标：学生在木版画创作实践中学习版画的造型方法，掌握黑白版画的制作过程。

　　创造目标：引导学生根据木刻版画的特点，有创意地设计并制作动物黑白木刻作品。

（二）教学重点及难点

木刻版画的艺术特点与表现语言。

第1课时：黑白木刻版画的制作方法。

第2课时：动物的设计与印制。

建议2课时。

（三）教学过程

1. 课前准备

教具：欣赏用的版画图片或多媒体课件、木板、木刻刀、油墨和颜料、滚筒、木蘑菇、印纸。

学具：木板、三角刀和圆口刀、颜料、文具盒、印纸。

2. 教学程序

（1）激趣导入

教师利用投影展示图片，如图 5-2 所示，让学生猜一猜画面里画的是什么内容（出示木刻年画"门神"的实物或数字图片）。提问："你认识画中的人物吗？知道这是什么画种吗？"学生你一言我一语地说开了，有的说是演戏的人，有的说是神仙，在回答了一连串的答案之后，教师逐步提示："画面与中国的传统风俗习惯有关，过年时家家户户都在门上张贴类似的门神年画。你知道这种批量生产的古代的年画是如何制作的吗？是一幅一幅画上去的吗？"学生回答："是印刷出来的。"教师解释："这是中国传统的木刻版画，是通过画稿、刻板、印制完成的图画。版画是间接性艺术，通过'版'做媒介再转印于纸上，这不同于直接性表现的其他绘画。版画有固定的印版，可以重复印制而产生多幅原作，因此版画又称为复数性的艺术。你们想做吗？"学生回答："想！"教师："今天我们就来学习木刻版画。"

图 5-2　门神

（2）感授新知

木刻版画是一门集绘画、刻版、印刷为一体的综合性的绘画艺术，是在木板上采用不同的刻刀，通过刻、切、铲、凿、划等手段来表现形象的。如图 5-3 所示，从左至右依次是斜口刀、平口刀、圆口刀、三角刀。

图 5-3　不同的刻刀

首先教学生怎样握刀，怎样刻直线、曲线、点，使学生认识不同刀具所产生的不同艺术效果和魅力；其次教学生如何运用黑白的表现形式，使学生有意识地进行木刻画面的黑白处理，并学习一些简单的表现技法。此时学生都兴奋起来，跃跃欲试了。接着教师让学生根据自己的兴趣进行选择和加工，在木板上打出底稿，让他们自己尝试在简单的图形上练习木刻线条组合的技巧。

握刀方法如图 5-4 所示。

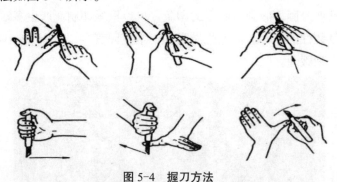

图 5-4　握刀方法

刀痕效果如图 5-5 所示。

图 5-5　刀痕效果

根据刀痕效果不同，可以发现从左至右依次为三角刀、圆口刀、平口刀。
（投影出示图 5-5）

幻灯片出示效果强烈的黑白木刻版画。①对比"实景图例"和"黑白稿"，小组讨论在构思版画底稿时要注意些什么。版画制版过程的特性决定了它在形、色上追求简洁性、单纯性、平面性和抽象性。黑白木刻版画只用黑色油墨或单色油墨印制，具有强烈的黑白对比。设计黑白稿时，不仅要夸张主体，还要注意省略不必要的细节与层次。②黑白木刻版画可以表现很多可爱的动物内容，教师可以引导学生根据自己喜欢的动物来设计。

3. 实践阶段

黑白木刻版画的设计与制作具体如下。

（1）起稿

第一，把想要表现的动物图案画成简要的线条稿或黑白稿。

第二，可以在用墨涂黑的版面上直接用铅笔转画画稿，也可以画在复写纸上再拷贝在版上。

第三，注意印刷出的画面与版面是方向相反的，要因画面内容而考虑版向的问题。

（2）刻制

由于版上涂了墨色，每刻一刀都能清楚地显示刻作效果。

刻制时先以三角刀刻出木板画面上的轮廓边缘线，再交替结合使用圆刀，逐步刻出亮面。

注意安全，用刀时左手勿置于刀前。

（3）上墨

把以松节油调好的油墨，用勺子盛少许置于平底盛器上（如三合板），再以油磙来回滚动使油墨均匀地黏于油磙上，以便在版上均匀滚墨。

注意要使版上的所有凸起部位都沾上油墨。

（4）磨印

把纸对准版面（为使纸与版固定位置，可使用夹子等）。

用木蘑菇或瓶盖摩擦拓印。

（5）完成

磨印完毕后，局部打开看一看，如没有印实，可以局部补上油墨，继续磨压，直到满意为止。

在局部滚油墨时要十分小心，不能移动纸张。

4. 评价阶段

（1）自评

引导学生对自己的作品做出合适的评价。鼓励学生向同学们展示自己的版画作品，介绍制作技巧和设计经验。

学生的评价：①我感受到了木刻版画的艺术美；②我掌握了黑白木刻的制作技法，制作出了有趣的作品；③我的套色木刻作品虽然粗糙，但下次再做就有经验了；④我的动物可爱极了。

（2）互评

引导学生合理地评价他人的作品，评出最喜欢的版画作品，说说自己的感受。

大家的评价：①是否能用语言描述自己对木刻版画的感受；②是否理解版画的特点并能运用木刻版画的不同刀法；③是否体验到创作的乐趣，是否有成功的体验；④是否能团结合作、互相帮助；⑤是否能正确地评价自己和他人的作品。

（3）总评

教师充分肯定学生的创作热情和能力，对学生作品以及设计制作过程中出现的问题进行点评。同时对知识点做一个总结回顾，鼓励学生大胆实践。

5. 拓展延伸

推选出本班的优秀作品参加全年级的木刻版画作品展，邀请教师和家长参观。

二、黑白胶版画制作技法

【教学课题】黑白胶版画制作技法

【教学年级】高一年级

【课型】探究实践制作课

【教学课时】6课时

（一）教学目标

知识与技能目标：让学生了解黑白胶版画的制作工具和流程。

过程与方法目标：因材施教，运用示范式、讲授式、体验式等教学方法做到教学相长。

感情态度与价值观目标：培养学生对绘画艺术的热情，提高艺术的审美能力。

（二）教学方法

讲授法、演示法、实践练习法。

（三）教学重难点

教学重点：学生了解黑白胶版画的制作工具和流程。

教学难点：培养学生动手实践的能力。

（四）教具与学具

示范图、版画工具等。

（五）教学过程

1. 组织教学

师：同学们，上节课我们学习和了解了版画的知识，今天咱们要学习新的内容。请同学们准备好教科书和老师上节课布置的工具材料，大家集中精力，我们开始上课了。

2. 导入新课

师：同学们，我们上节课对版画的发展历史做了简单介绍，并欣赏了不同艺术效果的版画作品，那我们今天就来学习一下黑白胶版画的制作工具和制作流程。

3. 讲解新课

（1）工具和材料

常用的刀具有圆口刀、三角刀、平口刀、斜口刀等，各种刀具又分大、中、小不同的型号。另外，还有方刀、凿刀、排刀等和根据个人需要自制的各种能制造出凹凸变化的工具。

（2）拓印工具

油墨、纸张、油磙、印刷机等。

（3）胶版画的版材

胶版。

（4）基本刀法

三角刀排线、三角刀交叉排线、三角刀点刻、摇刀、圆刀点刻、圆刀长刻、平刀平铲、平刀左右摇动。

（5）常见的握刀方法

握刀和握笔相近，同样是用拇指、中指和食指控制刀具，只是手伸得较直，刀的倾斜度为30°左右。

（6）胶版画的制作程序和基本方法

胶版画的制作程序和基本方法如下：①起稿。先画好黑白画稿，用拷贝纸拷贝到胶版上。②处理版材。打蜡、刷清漆。③刻版。刻版的时候，一定要从最亮的地方或大面积空白的地方开始，然后才是次亮的、深灰的，直到最重的地方。④拓印。上墨前，先把胶版上的胶屑清理干净，注意油墨的浓稠程度和厚薄程度。⑤补版。⑥版画的托表。

（7）教师演示讲述的过程

给学生提供简单的黑白画稿，让学生独自创作，教师现场巡视指导，对好的作品进行表扬，对作品不太理想的学生进行耐心辅导。

在学生制作进行到一半的时候，提议学生以小组形式交流学习心得。让同学之间交换作品，交流学习感受，完成交互学习。

（8）提问

大家通过制作胶版画有什么感想？

制作一幅优秀的胶版画作品最关键的是什么？

大家通过交流学习有什么心得？

4. 小结

点评课堂作业。

5. 作业布置

课下制作一张人物胶版画。

6. 课外延伸

课下了解其他形式如木刻版画、铜版版画、丝网版画的制作流程。

7. 教学反思

学生的专业基础比较弱，但学习的积极性很高，如何把学生的积极性充分运用到教学实践中，让大家在快乐中学习，而且学到一定程度的专业知识是教师在以后的教学实践中应该重视的。

第三节　中国书画

一、模块定位

中国书画是中国画、书法以及篆刻的统称，在中国书画模块的教学过程中，教师需要注意以下几点。

第一，中国书画是以动手实践为主的学习模块，因此教师在教学中应鼓励学生通过具体的练习和创作活动获得对中国书画艺术魅力的体验和感悟。需要注意的是，中国书画教学不能限于单纯的技法训练，必须以美术学科核心素养为导向，既要关注知识与技能，也要关注学习过程与方法，更要关注情感态度与价值观。

第二，为了让学生了解中国书画的程式化特征、基础知识、创作过程和展示方法，教师可以将临摹某种字体、某类中国画作为学习中国书画的起点。在学习的过程中，逐渐培养学生对中国书画独特程式的认同和喜爱，理解中国书画与中国文化传统、姊妹艺术和其他美术门类的关联性。

第三，学习中国书画，既需要了解毛笔、宣纸、墨等工具材料的特性，掌握正确的使用方法，还必须认识中国书画艺术的文化特质。因此，除了进行基本的技法训练外，更要在中国文化情境中，通过体验活动激发学生的兴趣，鼓励学生运用中国书画的工具和形式表达自己的感受、情感和思想。

第四，提倡以临摹和创作相结合的方式开展中国书画教学，帮助学生从"线条表现性"入手理解中国书画。还要让学生认识中国书画艺术的综合性特征，学习诗词等文化知识，并不断地体验生活，以便更好地理解和学习中国书画。

第五，通过鉴赏和临摹学习活动，引导学生研究某些中国书画作品的创作背景、艺术家生平、艺术特点和创作观念等，通过描述、分析、解释和评价的方法鉴赏经典书画作品，归纳其特有的艺术语言。在创作活动中，要引导学生经常对照经典作品，不断改进和完善自己的作品。

第六，倡导主题性研究学习，鼓励学生采用个人学习和小组合作的方式，对主题进行深入思考和讨论，综合运用绘画、书法、篆刻的知识与技能，甚至文学知识，并融入自己的文化理解和生活经验，完成作品的创作、装裱、展示以及评价和交流，体验中国书画创作的完整过程。建议使用学习档案袋，记录学生对中国书画的学习和创作的过程及结果，为学生持续学习中国书画提供动力。

二、教学设计

以下以中国书法为例进行教学设计。

（一）教学目标

1. 知识与技能目标

让学生理解书法的审美价值，了解书法发展史，了解书法工具材料。

2. 过程与方法目标

使学生学会正确的执笔方法。

3. 情感态度与价值观目标

能够引起学生对书法的兴趣。

（二）教学重难点

1. 教学重点

了解书法发展史。

2. 教学难点

感受理解书法的审美价值。

（三）教学过程

1. 导入

用课件演示书法艺术在学校中的应用，如校名、楼名、馆名、亭名等，引导学生观察、欣赏，并让学生意识到书法就在自己的身边，与自己的生活息息相关，使学生对书法产生浓厚的兴趣。

提出本节课要解决的两个问题：①书法的含义及审美特征是什么？②汉字与书法的关系以及书法发展简史是怎样的？

让学生带着上述问题阅读教材文字内容、欣赏教材所刊书法图片，互相合作探究，感悟新知。

2. 新课讲授

向学生讲述有关书法的各种知识，盘点书法的发展历史，讲述各书体之间的差别。向学生展示各种书法，讲解外在的直观形式美（包括笔法、结体、章法和墨法）与内在的深层意蕴美（包括哲理、情感）。

3. 课堂小结

根据本节课所学的内容并结合板书，让学生着重了解书法发展史，感受、理解书法的审美价值，体会祖国书法艺术的博大精深，懂得在欣赏书法时，不仅能获得视觉的快感，而且能陶冶情操，充实自己的情感世界。

（四）教学反思

优点：能够充分利用学生在日常生活中见到的一些书法例子引入教学，从学生熟悉的字体出发，让学生感觉书法课并不是很无趣的。利用合作探究的形式，让学生自主发现问题、分析问题、得出结论。

不足：没有充分利用高中生现有的历史知识，将跨学科的历史学科知识与书法知识相结合进行综合分析。演示的过程及方法不够清晰，与展示图片的结合不够紧密。

第四节　雕塑

一、模块定位

雕塑是空间视觉形象的造型艺术。高中雕塑模块课程的教学内容非常丰富。在雕塑模块教学过程中，教师要注意以下几点。

第一，雕塑有着丰富多样的材料、工具、加工方法和创作过程，不同的雕塑类型既有相似的创作过程，也有雕、刻、塑以及堆、焊、敲击、编织等不同的制作方法。因此，教师要通过雕塑模块的教学，培养学生的立体造型意识、材料的使用能力以及动手创作的能力，使他们能运用雕塑知识与技能，创作出自己的雕塑作品。

第二，在学习"雕塑概述"时，可让学生回忆自己见过的雕塑，描述其所属类型、所处的场合、意义和价值。如纪念性雕塑，具有城市地标性质的小型竹雕、面塑等，属于民间艺术或"非物质文化遗产"项目，需要传承与保护等。让学生先感性认识身边的雕塑及其作用，然后通过课堂学习，归纳雕塑艺术的特点、种类、发展脉络和社会价值，理解雕塑与环境的关系。

第三，指导学生学会描述、分析、解释和评价的鉴赏方法，从雕塑的形态（如材质、造型、艺术风格、表现手法等）、主题、文化背景和创作观等方面，由表及里地分析作品，学习雕塑作品鉴赏。

第四，根据学生的喜好，组成不同的学习小组（如彩塑组、浮雕组、综合材料组等）。在小组内，学生进一步讨论相关作品的形态、主题、文化背景和创作观等，反思、调整并确定自己所选的样本。学生通过自主合作和探究的方法学习雕塑技法，并尝试完成一件以模仿为主的作品，教师给予适当指导。

第五，与学生共同讨论，联系社会与现实生活，选择一个有意义的创作主题和任务，如组织学生以小组为单位合作创作较大的综合材料雕塑，或有地方文化特点的群雕作品，也可为校园或社区创作一件雕塑作品。然后引导学生根据创作任务搜集素材、借鉴经典、设计草图、寻找材料、制作小稿或实验性作品、完成并展示雕塑作品等，体验像艺术家一样创作的过程。

第六，引导学生关注雕塑的材质。不同的材料不仅有不同的美感，而且具有不同的寓意或象征。要鼓励学生发现或利用身边的雕塑材料，如鹅卵石、纸浆、树根等，也可以在雕塑作品表面用颜色、材料仿造花岗岩、青铜、铝合金和木质等不同材质效果，提高作品的艺术表现力。

第七，组织学生讨论作业评价方案，具体包括根据学习目标分解出具体的评价指标（如材料、主题、创作观、形式感、造型、表现技巧等）、分配评价权重、讨论评价方式等。通过形成评价方案，明确和强化学习目标。然后组织学生评价每件雕塑作业，不但让学生知道各自的优点和不足，而且使其学会评价，以推进后续的学习。

第八，在各阶段的自我评价表中列出具体要求，让学生不断反思，改进和完善自己的作品，给出自评成绩，再写一份雕塑学习和创作小结，从而帮助他们学会自我评价。最后，教师汇总学生的学习档案袋、班级互评成绩、学生自评成绩、学习小结等，进行总结性评价。

第九，举办学生雕塑作品展，优秀作品可长期陈列。这不但有利于提升学生的成就感，而且能营造校园文化，潜移默化地提高全校学生的美术学习兴趣。也可以组织全校性的雕塑作品大奖赛，让学生（或其他教师）一起评出单项奖、综合奖等，鼓励优胜者。

二、教学设计

以生活中各种材料制作而成的雕塑作为案例，简单进行教学设计。

（一）教学目标

1. 知识与技能目标

学生通过本课的学习，能够懂得寻找利用身边的资源，感受不同材料的质感，通过发现、巧用身边的材料进行设计实践，掌握设计制作立体装饰物的基本要素和技法，并体验设计制作活动的乐趣。

2. 过程与方法目标

引导学生发现美、创造美，同时要掌握综合材料制作最基本的表现手法和技法。

3. 情感态度与价值观目标

通过欣赏、创意构思和作品制作活动的开展，培养学生对美的感悟力、创造力、分析创新能力、协调合作能力和动手实践能力；加强环保意识、综合素质的培养，让学生从中体验创作的乐趣。

（二）教学重难点

1. 教学重点

观察和发现材质的美感，运用艺术手段和丰富的想象力对材料进行巧妙合理的利用。

2. 教学难点

如何巧妙运用材料表达自己的创作意图。

（三）教学材料

教具：多媒体教学课件、形式多样的综合材料制作的作品和学生优秀作品（实物）。

学具：各种不同材质的材料，如水果蔬菜、纸、金属、铁丝等，或是木板、塑料块等，甚至是机械零件；应用工具（如剪刀、钳子等）；粘贴工具（如502胶水、乳胶等）。

（四）教学过程

1. 导入

播放视频或观看图片，使学生了解一些艺术品的制作过程。

2. 新课讲授

（1）材料加工方法

不同的材料有着独特的肌理、色彩、质感，以及软硬、轻重、粗细不同的物理特性。根据这些特性，可以采用多种加工方法。

教师引导学生观察身边一些可利用的材料，根据材料的特性采用适当的加工方法，制作出不同的艺术作品。

课件展示，播放学生利用各种材料制作的艺术作品，思考采用了哪些制作方法（实物展示）。

（2）创意构思

仅仅知道材料的加工方法还不够，还需要创意构思才能够做出真正的艺术作品。

教师通过课件展示一些艺术家的作品，学生分析作品并回答一个问题：艺术家是用什么材料来做造型的？使学生感受不同材质的巧妙应用及丰富的造型。

3. 教学实践

小组合作或独立利用材料创作一件作品。

要求：充分利用材料的形状、色彩、肌理等；作品美观，构思巧妙，富有创意；教师及时指导、鼓励学生有创意地设计构思与造型制作；强调制作过程中的安全防护意识。

4. 课堂小结

举办"废弃物的艺术"雕塑展，学生谈创作感受、评价、修改。

5. 课后作业

课程中引导学生使用多种工具、材料，体验不同的艺术效果，选择具象或抽象的造型语言和方式表达自己的思想、情感和生活经验。

雕塑模块的学习活动要引导学生深入学习和理解造型语言，在了解雕塑表现形式和手段的基础上，学会运用具象或抽象造型语言表达自己的思想和情感，以及美化生活。

（五）教学反思

在学生进行教学实践时，尊重学生的主体性，要鼓励学生主动探究，要能够放开手，这对教师来说是一个很大的考验。

第五节　设计

一、模块定位

设计是整个人类物质文明与精神文明的结晶。高中设计课程的目的是让学生形成初步的设计意识，能从事创造性的、多种形式的设计活动，以改善人们的生活。在设计模块教学过程中，教师要注意以下几点。

第一，设计通常包括思考、表达和制作的完整过程。因此，教师应该通过阅读和鉴赏活动，使学生了解设计的相关知识，认识设计活动，以生活体验中的问题为导向，遵循发现问题、分析问题和解决问题的过程，帮助他们在头脑中建立起"好的设计"的概念和标准。要让学生广泛地接触材料，认识形式与功能的关系，提高构思、策划、绘图和制作能力，逐渐形成设计意识。

第二，设计创意的根本在于思维，设计思维通过图样表达形成方案，并最终经由材料与工艺的抉择，通过制作的产品实现价值。因此，在教学中，教师既要注意启迪学生创意思维的艺术性，又要明确要求学生合理运用材料与制作工艺的科学性，强调从思维到表达一体化的系统性教学。

第三，倡导面向学生身心发展需求的开放性教学。教师应选择便于体验的身边物品与环境，充分考虑社会现象与时代需求的设计主题，创设不同情境进行设计教学，以体现教学内容和创意实践的开放性。为此，教师既要遵照教科书提供的理论与方法，又要充分利用当地资源，因地制宜地实现符合实际的实践教学。

第四，因为审美取向与功能定位的不同，同一设计主题的成果会呈现出形式与内质的多元性。比如，面对不同人群，一件产品虽然实用，但不一定适用。因此，教师应多开展基于拓展设计主题与内容的多元性教学。学生在面对设计课题时，既可选择同一内容的主题，也可选择不同内容的主题；完成设计作品时，既可以用相同材料、工具与方法，也可以用不同材料、工具与方法。

第五，创意竞争与分工合作是设计活动的基本行为方式，可以采用综合性设计项目的命题、限定时间的个人创意表达以及优选方案的民主评价，以分工合作的方式，分组完成优选方案的制订。教师可以组织课题作业交流和展示的课堂教学，通过创意表达、选材制作、展示评论的过程，以包容自由想象、友善建议和客观批评的评价态度，使学生树立自信心和设计行为的责任心。

二、教学设计

接下来以海报创意设计为例，进行教学设计。

（一）教材分析

本课是为了使学生学习和掌握美术字及平面设计基本规律，了解海报宣传的基本特征而设置的。海报是一种信息传递艺术，是一种大众化的宣传工具。它的社会功能在于告诉人们确定的信息，以引起人们的相应反应，常因内容及时、形式生动活泼被广泛运用到人们的社会生活中。因此，海报设计必须有相当的号召力与艺术感染力。本课从让学生了解海报的社会作用出发，到学习海报设计的三要素、特点、制作过程，从而帮助学生将学习过的美术字、图案、色彩知识进行有机的结合。

（二）教学目标

1. 知识与技能目标

引导学生通过欣赏各类海报，了解海报的种类和特点。

指导学生为学习艺术节设计海报，让学生体会海报的设计过程和绘制特点。

2. 过程与方法目标

通过作品引导学生进一步了解海报设计具体情况。

教学方法包括讲授法、讨论法、问题教学法、演示法。

3. 情感态度与价值观目标

结合欣赏和设计活动，启发学生认识并体会海报的艺术美感，提高审美能力。

（三）教学重难点

1. 教学重点

认识和了解海报的种类及特点，体验海报的设计过程。

2. 教学难点

如何引导启发学生，发挥其想象力、创造力设计绘制海报。

（四）教学过程

1. 导入

教师结合生活中出现的海报，将学生引入街头海报的情境，导入课题。
教师提出关于海报的要素问题，学生回答，教师总结。

2. 讲授新课

教师讲授海报相关知识、海报的构成要素以及它们的作用，展示某一海报并对其进行分析。

3. 教学实践

教师讲授并演示海报的制作过程，将学生分组并让他们以某一个主题制作一幅特色海报。

4. 作品展示

学生分组展示自己的作品并阐述设计思路，教师进行点评。

5. 课堂小结

教师询问学生相关知识点，然后进行总结。

（五）教学反思

在教学过程中，教师要时刻积极引导学生参与教学活动，以学生为主体，让学生自己发挥创意并动手完成设计，目的不单纯是让学生学会某种设计。

第六节　工艺

一、模块定位

工艺是设计创意的物化，是指将原材料或半成品加工成产品的方法和技术。工艺教学注重技术意识的培养，注重材料工具的运用，更注重眼、手、脑的综合训练。在工艺模块的教学过程中，教师应注意以下要点。

第一，在教学中融入历史、生活和社会知识，将课程内容与学生的生活经验紧密联系，让学生在具体的文化情境中认识手工艺的特征和表现形式，激发他们的学习兴趣。建议建立校外手工艺作坊，通过实践活动、主题探究和兴趣选修等多种方式开展教学。

第二，积极探索多种教学途径，组织丰富多彩的教学活动，如开展课堂讨论、组织辩论会、举办工艺讲座、调查地方工艺、参观历史和民俗博物馆、考察历史遗址和遗迹、采访民间艺人等，以内外结合的课堂教学与综合活动构建有效的手工艺教学体系。

第三，请教当地的知名工艺师、民间艺人，发掘家乡和其他地区手工艺术的内涵。从文化和历史的层面解读当地手工艺的价值和特色，激发学生热爱和珍惜家乡手工艺的情感，帮助他们掌握传承与保护本土文化遗产的方法。

第四，强调工艺课程的知识和技能在帮助学生美化生活方面的作用，使学生在实际生活中领悟工艺的独特价值，形成用工艺的方法解决生活和学习中的问题的能力。尤其重视实践能力的培养，使学生具有将创新观念转化为具体成果的能力。

第五，提倡深入民间进行社会调查，搜集手工艺品及相关的图像、影像资料，结合相关的起源传说、神话故事、趣闻轶事、象征意义和图腾崇拜等文化现象，对其功能、形态、色彩、材质、制作方法及独特的审美品质进行分析和认识。

第六，以学生的心理发展规律为基点，按照手工艺内容的要求组织教学，让学生通过选题、借鉴、搜集素材、设计草图、寻找材料、制作、完善和展示等方式体验创作过程。在教学过程中，教师要把握知识与技能的难易程度，注意知识与技能的递进和迁移。

第七，增强教学方法、教学手段的形象化、多样化和现代化，积极运用实物、挂图、幻灯、投影、录音、录像、影片和模型等进行直观教学，并努力创造条件，开发和制作相关课件，利用多媒体、网络开展教学。

二、教学设计

接下来以中国结的工艺制作作为案例，进行教学设计。

（一）教学目标

1. 知识与技能目标

学生通过本次课的学习，利用欣赏、讨论等方式，能够了解中国传统纤维艺术——中国结的发展历史、继承情况、特点等。

2. 过程与方法目标

引导学生利用各类纤维材料，学习中国结的制作方法；积极引导、激发学生的创作思维，挖掘学生内在的创意源泉，制作个性的纤维艺术品；帮助学生在自主、合作、探究学习活动中发展探究知识和创作的能力；引导学生欣赏、评价他人的工艺作品。

3. 情感态度与价值观目标

通过对中国结的学习，激发学生的爱国情感和对传统文化的传承和敬仰。

（二）教学重难点

1. 教学重点

中国结的源、承、艺、祈和"复翼盘长结"的制作方法。

2. 教学难点

由此延伸的爱国主义情感。

（三）教学材料

教具：中国结、中国结图例、教学课件、各种纤维材料、工作板等。
学具：各种纤维材料、剪刀、火机、胶水、珠针、钩针、针线、工作板等。

（四）教学过程

1. 导入

教师通过提问引出中国结，创设情境让学生在已有的知识基础上探究问题、发现问题。学生积极思考，教师继续引导，引起学生的兴趣，并逐步引出课题。

2. 讲授新课

教师通过展示图片向学生讲述中国结的发展历程，以及它的制作步骤，使学生了解其深厚的文化底蕴，进一步提高兴趣，为后面的学习做铺垫。

3. 教学实践

教师示范，学生学习。学生学习和掌握中国结的工艺和技法，自己动手制作，真正体会到工艺课的乐趣。

学生分组讨论制作，教师巡回指导。工艺课的学习比其他艺术模块课程的学习更加需要合作精神，所以在教学中教师应鼓励学生互相帮助，积极发挥集体的力量，从而使他们体会到集体的力量大于个人的力量。

4. 作品展示

学生通过欣赏、对比、评价同学的作品，提高欣赏水平。学生讲解自己的设计思路，教师进行点评。

5. 课堂小结

教师提问，学生进行知识总结，以此了解学生是否掌握了中国结的发展历史和文化内涵，是否掌握了基本的制作方法。鼓励学生平时多注意观察、思考，养成主动发现生活中的艺术美的意识。

（五）教学反思

反思教学过程是否适用于所有学生，是否还有学生不适应，怎样积极引导学生参与教学活动，如何鼓励促进学生主动思考、主动提问、主动答疑。课堂回答问题活跃不等于思维活跃。教师应根据学生已有的知识水平精心设计，启发学生积极有效的思维，从而保持课堂张力。

第七节　现代媒体艺术

一、模块定位

当今的社会文化已悄悄地由传统的文字文化转向了图像文化。摄影摄像以及以多媒体为代表的新科技，带来了新的视觉革命和工具革命，也为图像文化成为时代艺术的主流提供了理论和现实的可能性。摄影和摄像，也可以说是人类的又一只"眼睛"，当我们用这只眼睛去观察世界的时候，会发现世界和我们平时看到的世界有着很大的不同。

在世界范围内，这种"现代媒体艺术"也被称为"新媒体艺术"，它不仅仅是运用影像设备与技术、计算机设备与技术以及互联网络资源进行创作的艺术形式，也不仅仅是视觉艺术形式，而且是一种与科学技术发展相联系，以非传统媒体创作的各种艺术作品、艺术活动或艺术事件。由于它未必是一件静态的"作品"，还包括"艺术活动"或"艺术事件"，所以往往是多种媒体的综合使用，也可能是由多种感官一起参与的艺术。

现代媒体艺术是美术与现代科技结合而形成的一个新的艺术领域，是指运用影像设备与技术、计算机设备与技术以及互联网络资源表达观点、思想和情感的新兴视觉艺术形式。

二、教学设计

接下来以"如何发现美的形象"作为案例，进行简单的教学设计。

（一）教材分析

现代媒体的范围很广泛，高中美术选修确定的范围包括摄影、摄像、电脑绘画和电脑设计，本课题主要是关于摄影必需的一些审美常识学习和实践。一件好的摄影作品很大程度上取决于角度的选择、画面形式感的运用、主题事物的安排以及光线的运用等。对基本的构图常识有所掌握是拍摄好的摄影作品必须具备的条件。本课从画面形象元素和构图常识两个方面阐述了这些前提条件，运用身边的实际例子来引发学生对美感的领悟是本课教学要领所在。

（二）教学目标

1. 知识与技能目标

理解摄影作品构成的基本形象元素，明确基本的空间透视规律、黄金分割在构图中的作用。

体会不同拍摄角度对摄影作品的影响效果。

进行简单的拍摄练习。

2. 过程与方法目标

合作研究画面形象的决定因素，学会评述摄影作品。

能够从看似平淡的生活中发现美的角度和突破口。

初步掌握摄影构图的基本形式。

3.情感态度与价值观目标

通过对摄影作品的分析，感悟大自然和生活的魅力。

在拍摄过程中体悟艺术创造给自己心灵上带来的审美愉悦。

（三）教学重难点

1.教学重点

学会用摄影专业术语分析具体的摄影作品，体会优秀摄影作品的独特魅力。

2.教学难点

构图元素的讲述和摄影角度选择的引领。

（四）教学过程

1.导入

播放经典的摄影作品，激发学生的学习兴趣。学生会对这些作品产生什么样的感觉？为什么会有这样的效果？导入课题。

摄影属于视觉艺术，利用成功的摄影作品使学生对摄影产生兴趣，启发学生了解平常的生活景象，只要进行艺术性的选择和拍摄就可以引发人的共鸣，激发学生对本课题的学习欲望。

2.新课讲授

向学生展示一些摄影作品，然后进行正确的理论引导，讲述摄影的相关知识，比如基本的构图形式，空间透视，点、线、面等，由此引出画面形象的构成要素，并分析这些要素在构图中的作用，进一步引出形式美的基本法则——多样统一、节奏韵律、对称均衡等。

让学生用所学知识对经典摄影作品进行评述（包括取景、角度、立意等，尽量使用专业术语）。

教师进行总结评价，注意思想教育的灌输、良好专业素养及学习习惯的培养，教师评价要及时、中肯。

3.教学实践

教师引导学生根据刚才讲述的内容和要点，以身边的同学为对象进行拍摄练习，同学之间进行简单的评述，被众人认可的作品可以在电脑上展示，师生进行共评。

之前的理论知识使学生有很强的实践欲，想要实验一下这些所谓的规律是否灵验，经过印证，便可以把兴趣延伸到实际生活中，激发学生在生活中拍摄的兴趣。之所以安排拍摄同学，是因为这样更容易使所拍作品被评价，因为被拍的人很期待自己在同学镜头里的形象，拍摄的人拍出好的作品也会急于向被拍的同学展示。如此一来，就加大了同学间互相评价的密度，增加了课堂容量。

4.课堂小结

主要总结学习过程中学生的表现，讲述内容的总结可以略述。

把重点放在学生表现上，主要纠正拍摄过程中个别学生的不良习惯，督促学生学会自我评价和发展。理论已经被学生在实际的操作中验证了，再次重复完全没有必要。

5.布置作业

以"镜头中的自然"为题，拍摄一幅照片，拍完后发到教师邮箱，下节课教师精选五幅作品集体分享。

布置的课后拓展是引导学生进一步深化课堂所学知识，要求学生把作品发到教师邮箱是为了便于教师把握学生的课外练习程度，教师可以根据学生提交作业的数量和质量反思自己本节课的教学效果，为进一步改进教学做好资料积累。

（五）教学反思

在教学过程中，教师充当了引导者、鼓励者、质疑者和掌舵者，多方的交流营造了共同探究的学习氛围。教学环节的转换符合认识规律，给学生的学习留下了很大的自由空间，引导学生发现、感受、表现，提高了学生的创造意识和审美思辨能力。在实践操作过程中，有的学生因为相机不齐备，练习较少，有茫然神态，教师要及时鼓励其和其他同学合作，树立起自信心，保护孩子的自尊心。

第六章　对中学美术教学的探索

本章分为中学美术教学中的创新、提升教师的水平、中学美术教育改革——深化地域美术教育、中国美术教育展望四部分，主要包括教学理念的创新、心中有爱、浅谈陕北布堆画的课堂教学方法、中国美术教育的当前背景等内容。

第一节　中学美术教学中的创新

在教育教学的改革创新中，其研究领域主要是有关教学方法的理论与实践的探讨。而针对美术教育，在《义务教育美术课程标准（2011年版）》和《普通高中美术课程标准（实验）》中，针对教学方法，对教师的角色、学生的学习方式、评估方式等做出了一些改革与创新。

一、教学理念的创新

（一）调整师生关系

在往后的美术教学中，师生之间的双边关系是最应被重视的，具体来说就是改变传统的课堂教学中以教师为主体的教学现象，转向以学生为主体，以教师为主导者，调整教师的引导和传授比例，增强学生在美术学习中的自我发现、自我思考和自我探索。

在美术教学过程中，教师应积极使用丰富多彩的教学手段，以新颖、富有趣味性的方式和途径来激发学生对美术学习的主动性和积极性，如电影、电视、音频、范画、参观、访问、旅游、游戏等，将学习内容与文化情境相结合，培养学生的感受能力与想象能力。

教师在美术课堂中应多开展探讨活动，让学生在探讨过程中提升思考能力，引导学生在美术创作过程中以美术作品来表现内心世界。在美术欣赏课程中，教师应通过探讨、比对等方式，让学生学会从有限的条件中获取有用的资料，同时提升鉴别、判断等能力，提高学生的艺术理解能力，使其拥有自身独特的见解，拥有美术学习的基本素养和人文精神。

（二）运用系统论的观点

系统论的研究对美术教学理论也产生了重要影响，且是对教学活动研究的主要理论依据。从系统论的观点来看，教学方法是现代教学系统的重要因素，主要表现如下。

第一，教学方法是美术教学体系中的子要素，从美术教学体系的整体上确定教学方法，同时研究这一要素与其他结构要素之间的联系，以便使教学方法发挥出最佳成效。

第二，根据现代化教学方法组建成新的教学方法体系。不同的教学方法有着自身不同的特点和优势，其适用范围和条件也有所不同，同时与其他教学方法又有着必然的联系。教师应探索不同教学方法之间的结合，在整体上构建最优的教学方法理论体系。

（三）导入信息技术

当今社会处于信息技术时代，信息技术俨然成为人们生活、学习、工作中不可或缺的一部分，同时也是美术教育所面临的一种新契机和挑战。所以，教师在具体的教学过程中，可以大胆地将各种新型的信息技术融入美术课堂，引导学生创新，开阔学生视野，探索丰富的美术信息，和学生共同推动美术教学成效的提升。

1. 自我学习检索、选择艺术作品

在传统的美术教学中，其授课方式通常以教师的口头讲解为主，传授的知识大多是以课本或教师的个人经验为基础，学生赏析的美术作品也主要由教师提供，对信息多元化发展的当今社会来说，这种单一的信息给予渠道是完全不能满足学生需求的。对于当下的美术教学来说，美术教学的艺术欣赏已经侧重于学生自我的检索、获取、选择、阅读艺术信息，以及学生对美术作品所表现的艺术信息的自我判断，只有这样，才能使学生正确处理社会中艺术信息过剩、价值判断混乱等问题。

2. 在美术课堂中引入计算机

计算机的引入对学生的美术学习来说至关重要，学生可以通过各种计算机软件来完成自己的美术创作，从而表达自身的艺术思想、情感等。在运用计算机的过程中，学生通过超越时空和语言的艺术创作手段，可以和不同国家、不同语言的其他学生直接对话，进一步促进了以美术作品为中介的国际交流。在计算机的传播过程中，学生从被动的信息接收者变为积极的信息发出者，可以积极应对受大众传播情绪操纵、思考类型化、信息消极化等问题。

二、课程发展的创新

从2000年之后，我国各个省市地区的美术课程教育呈现出了不一样的发展特点，但从整体上看，其教育目标都能保持一致，即在教育过程中以人文教育为主，注重美术教育的综合性，同时强调情境学习等。

（一）课程理念更新

根据课程标准，美术课程的理念更新主要可以归纳为以下几个方面。

1. 充分挖掘学生潜能

首先，开展美术教学就要相信每一个学生的潜能，即便存在较大的个体差异性，也要根据义务教育标准，让每个学生都能在学习过程中获得不同程度的发展。美术课程应当符合素质教育的要求，即面向全体学生，能够根据不同阶段学生的身心发展做到有针对性地教学，结合适当的方式方法，辅助学生形成基本的学术素养和美术技能，为未来的美术学习铺垫基石。在未来的美术教学中，以学生为主体，尊重学生的个性发展以及学生的差异性是十分重要的，因此其课程结构也会针对学生设计出不同的课程结构形式。只有这样，学生才能够根据自身的美术学习兴趣以及实际学习能力来选择适合自己的学习方式。

2. 激发学生兴趣

俗话说，兴趣是最好的老师。教师需要在教学过程中充分展示美术课程的魅力，教学方式灵活、多样，让学生能够发现美术的独特之处，使美术变得更加具有吸引力，激发学生学习美术的兴趣。当学生对美术学习产生一定的兴趣后，教师还要注意让学生的兴趣转化为持久的情感态度和学习态度，将美术与学生的实际生活相联系，让学生领略到美术在生活、社会、自然中的独特价值。

3. 了解美术与人类文明的关系

美术是人类文明的精神产物，它与我们的生活、社会、自然等都息息相关，所以在美术课程教学中，教师除了让学生掌握基本的美术理论知识和技能技巧外，还需要让学生了解与美术相关的各种文化知识，在人类文明的历程中认识美术与人类社会的渊源，并以此培养学生对我国传统文化的热爱，以及对世界多元文化的尊重，让学生的思想价值观朝着多元化方向发展。此外，无论是哪一门学科，其知识体系都会跟随社会和时代的变化而变化，要在保持精华的同时吸收更多新的知识和新的科技成果，时刻保持美术课程内容的与时俱进和丰富多样。

4. 培养学生的基本素质

在以往的美术教学中，其课程目标是注重美术知识和技能的发展，而新的美术教学目标是培养人的基本素质能力。在以人的全面发展为前提的基础上，美术教学课程内容除了包含美术的基本知识和技能外，还要包含对人的智力、素质、能力、情感、思维、态度、价值观等方面的培养。这样培养出的人才才是综合能力强的人才。

5. 培养学生的创新精神

对当今社会来说，最重要的就是个人的创新精神。创新精神的培养不仅表现在其他教育学科中，在美术学科中同样需要得到培养。通过多样化的教学方式，引导学生的创意性发挥，引领学生在具体的学习情境中运用综合学习方式和探究学习方式寻找各个要素之间的关联，提升自己的综合实践能力，创新式地处理问题、解决问题。

（二）教材内容充实

教材是教师从事教学以及学生学习的主要依据和载体，涉及对学生的美术兴趣、美术认识意识、美术审美情操、美术创造力以及个性品质等方面的培养。在与课程标准的结合下，在原有美术教材的基础上，中学美术教材在编写时可以从以下几个方面进行拓展。

1. 精选与学生密切相关的素材

以美术基础知识为前提，选择与学生密切相关的多元化题材，既包含美术的文化内涵，又具有一定的历史特征，能够启发学生的学习思路，用通俗易懂的语言知识和技能技巧来提升学生的学习效果。在学习内容中还可以添加多种新型的美术素材，如摄影摄像、卡通、计算机美术、综合探索活动等，进一步提升学生的学习兴趣。

2. 增加动手制作活动的比重

实践活动是对文化知识的验证和深化，在实践应用过程中，学生更能够从中发现自己在美术学习中的疑点和难点。在美术课程中增加动手制作活动，可以让学生通过实际操作加强自身触觉的感受和对问题的思考，使学生在灵活的操作过程中获得丰富的体验感。

3. 增设综合性艺术活动内容

所谓综合性艺术活动，就是指将多项美术课程内容融合在一起，或是将各种新型的教学媒介纳入美术教学活动。比如，用图画、雕塑等形式来进行艺术创作，或是利用音频、视频、动画等媒介来让学生发挥创造力，进行综合性的艺术活动探究。学生在进行创作时，可以为自己的图像作品配以音乐和视频，增加美术与其他内容的联系，综合性地进行艺术创作。

4. 采用灵活多样的编排方式

编排方式可以灵活性采用，如"螺旋式""直线式""主题单元式"等，将必修内容与选修内容都融合在课程内容中，让教师和学生能根据实际情况自由选择。另外，在课程内容的编排过程中，可以根据年级阶段，由低级到高级递进，加入摄影摄像、计算机美术等内容，给学生提供多样化的选择。在教材的外形设计中，其色彩、设计也尤为重要，一般版式新颖、色彩丰富的教材更能吸引学生的注意力。

5. 导入自我评估的重要选项

自我评估可以帮助学生清楚地认识到自身的优势与不足，其评估内容的设定与标准可以根据学生不同的年级和课程内容来制定。比如：低年级阶段的美术自我评估内容可以设置为"我最喜欢的课""我最喜欢的内容形式""我最感兴趣的绘画类型""哪个颜色最好看"等；中、高年级阶段的美术自我评估内容则可以从情感、思维、能力、态度方面去设置，如"我认为雕塑可以从哪方面构思""如何将自然素材创造性地表达出来"等。将自我评估内容设置在美术教材的单元后或主题后，让学生及时进行自我总结和自我评估。

三、教学评价的创新

教育改革强调学生的主体地位，在美术教育中，也是以学生发展为本。为了使美术教育的内容不断满足学生的需要,其教育形式和技术也更加丰富和多元化,这也就意味着美术教学评价需要做出新的改革。

以往的美术教学评价是对学生的素质教育进行评价,但在以学生全面发展为本的今天,在进行教学评价时还需要对学生的全面发展做出积极评价,以认知、情感、操作目标等为评价目标体系。在美术教育中,可具体从学生的学习情况、教师的教学态度、创造能力、美术鉴赏能力、美术成就等方面来制定标准,其评价方法可选用绝对评价和相对评价、相互评价和自我评价、形成评价和总体评价等。总的来说,评价方法是多样化的,评价新趋势对以下三个方面更为重视。

(一)学生的自我评价

重视学生的自我评价是为了让学生通过自我评价提高自身学习的主动性,端正自己的学习态度,及时发现自身在学习过程中的优势和不足,提高自身的学习效率。学生自我评价的方式可以采取问卷形式,或是对每一个学生的具体学习情况建立相关的学习档案,在学习档案中设立研习记录、构想草图、设计方案、美术作业以及其他美术信息资料等。通过学生的学习档案记录,教师可以较为全面地了解到学生的基本学习情况,发现学生的长处和需要改进或提高的地方,对学生做出更有针对性的指导。

(二)美术活动表现的评价

学生的美术活动表现并不单单是指学生在课堂中的表现,还包括学生平日对教师的请教和询问以及学生的测验、作业、专题设计、创作集、自我评估等。学生在美术活动中的表现是指学生在美术学习中的能力、学习态度、情感、价值观等,对其评价也是为了显示整体性和综合性。美术活动表现的评价要求教师对学生的客观行为进行细致的观察、记录、分析,对学生在活动中的参与意识、合作精神、协作能力、操作技能、探究能力、认知水平、交流表达能力等做出全面的评价。其评价方式可以采用个人评价、团体评价、小组评价等,在学习过程中或学习结束后进行评价均可,将最终的评价结果反馈给学生,让学生对自己的表现也有一定了解。对学生的美术作业进行评价时可以采用具体的分数制或等级制,同时可以对学生的作业给出精练的评语,帮助学生发展和进步。

(三)教师评价体系

建立教师评价体系是为了督促教师对自身教学行为进行分析和反思,及时对自身的教育教学查漏补缺，并进行完善和提升。具体可以以教师自评的方式为主，以校长、其他教师、学生、家长的评价为辅，为教师教学行为的改进和提升提供更多信息。

在国外，其教师考核制度的具体方式是：以校长对教师的教学评价为参照；让教师自身做出自我评价的书面报告；校长对教师进行面试，在面试过程中，校长对教师所提出的教学目标设定、达成度等信息进行提问，由教师做出具体的答复。在这一过程中，校长还可以从学生那里了解关于教师的相关信息。国外的这一考核方式对我国来说虽然不能完全采纳，但我们也能从中受到启发和借鉴部分优秀的经验。

第二节　提升教师的水平

教学是一场修行，在教学之路上，每一场遇见都是一种唤醒与被唤醒，一种引领与被引领。想要真正地教好学生，教师必须不断提升，不仅要提高自己的教学水平，还要提高自己的思想水平，要真正地做到关爱学生、尊重学生。

一、心中有爱

（一）热爱教育——热爱学生

教育是爱的教育，没有爱便没有教育。一切教育方法，所有的教育艺术，都源于教师对学生无比热爱的炽热的心灵。只有热爱学生才能热爱教育，热爱教育才能做好教育，教师自己才能获得更多更持久的职业幸福。

教师对学生怎样，他们是能感觉到的。课堂教学中，如果想让学生接受并参与到课堂中，就需要有一种投入，这种投入就是对教育、对学生的"爱"，这种爱就是一种教学的态度和责任。首先，课前教师要精心地备课，精心地设计教学环节。其次，课堂上教师要全身心地投入，教师如果上课都没有激情，自己上课都上得平淡无奇，那么学生就会排斥上课，慢慢地没人听讲，睡觉、看小说等现象就会越来越多，久而久之可想而知课堂会是什么样子。

尤其是薄弱学科，学生对这些课程更加不重视，那就要求教师付出更多的耐心，充分调动学生的积极性，思考用什么样的教学方法让学生能主动地参与到教学活动中去，这个时候就需要教师在学科内涵研究、课堂教学设计、教学评价等方面多下功夫。教师在课堂中应精心设计每一个教学情境，指导学生通过探究进行学习，经历像艺术家思考创作一样的过程。在对学生的评价中，教师要呵护学生的好奇心，将学生对新知、对美的追求和表达、对美的理解诱发出来。

（二）热爱学校——团结互助

单位就像一个家，作为单位中的个体首先要做好自己：①完成好自己一亩三分地的职责，上好每一节课，做好每一件工作。这是作为教师最基本的责任。②珍惜同事间的人际关系，认识到能够在同一个单位工作，就是一种缘分。俗话说："单丝不成线，独木不成林。"一个人可能走得很快，但一群人才能走得更远。要互相帮助，共同成长。不把属于自己的工作推给别人，不耍小聪明，不心浮气躁。

尤其是一些小学科，很多地方还把它们称为薄弱学科，这些学科的教师如果不能互相团结，那之后会变得更薄弱、更边缘。只有团结，互相理解，互相给予帮助，才能抱团成长，才能在舒适的工作环境中促进自己的专业成长。

（三）爱自己——不抱怨

人的一生是在工作和生活的重复中度过的，难免会遇到不如意的事情。大多数人在遇到不如意的事情时，便开始抱怨，怨天、怨地、怨他人，却从来不会自我反省。

抱怨会给身心带来伤害，因此在遇到事情时应当积极地去面对，不能目光短浅，要把眼光放长远。很多时候，能决定一个人境遇的，不是外界的风风雨雨，而是这个人的心态。虽然人生有时不尽如人意，但是自己可以选择用正能量充电，这样依然可以活得积极向上。境无好坏，心态使然。只要转变自己的心态，事与愿违和如愿以偿，往往只在一念之间。当一个人意识到成长的重要性，他才会不断改变自己，让自己日趋向好。所以从现在开始，改变思维、改变心态、改变位置，走好自己的人生之路。年纪、经验不是衡量成功的标准，努力才是。所以，要想实现自我价值，就要从现在开始行动起来，爱自己的工作，上好每一节课，写好每一份教案，尝试着为自己制订计划，用积极的工作态度和人生态度过好每一天。

同时要有敬业精神。敬业是成就学生的前提，也是成就自我的必要条件。作为教师要勤于学习，关注教学研究，善于将工作形成成果，形成敬业、乐业、敬教、乐教的工作态度，在工作中体验成就感、幸福感。所以，要先脚踏实地地努力奋斗，不断提高自己的能力。

二、自我发展

作为教师的这一路上，有四个方面对教师的成长非常重要。

（一）自我学习

对教师而言，读书、学习就是最好的成长、最高级的修行，也是最好的备课。教师要像要求学生那样多读书、读好书，让自己更博学，让灵魂受到知识的洗礼，让心灵得到熏陶。如果教师都不愿意读书，那还怎么要求学生去多读书呢？又怎么能传授给孩子知识呢？

如今，在课程标准里出现了核心素养，教师应当重视核心素养，不断学习发展自己，进行教学改革，始终跟上时代的脚步。

美术教师应该具备的核心素养，包括美术教育的情怀、美术的综合能力、创新实践能力、课程领导力、文化生活经验。美术教师所具备的这五大核心素养是和学生发展的美术学科核心素养相对应的，它又包含学生美术学科核心素养。过去我们认为教师要给学生一碗水，自己就要有一桶水，在核心素养下的美术教学，教师要成为"自来水"，美术教师核心素养的表现是在非预设情境中"解决教学问题"而具有的"再生"能力。这就对教师提出了更高的要求，更要求教师不断地学习，不断地充实自身的教学思想。教师要不断更新教育理念，用先进的教育思想武装头脑，不断地掌握广泛的科学文化知识，更新知识结构，不断地学习现代教育技术，运用现代化的教育教学手段提高工作效率，不断地反思，在新理论的指导下大胆实践，勇于探索。

（二）校本研修

校本研修是促进教师专业发展的有效途径，也是一种学习方式，大致可以通过自主学习培训、专家讲座、听课评课校际交流、教学研讨、课题研究成果展示等进行学习。

这些都是平时的教育教学工作，必须认真扎实地做好，才能更好地促进教师的专业发展。

（三）自我反思

没有反思就没有成长。反思是为了让自己清晰地知道教学中哪些是应该继续坚持的，哪些是欠缺的、要进一步完善修改的，该如何调整。教学中的及时反思就是对自己教学的最大负责。教学反思对教师来说至关重要，在反思的过程中提炼自己的教学思想以及教学困惑，把它形成教学成果，以论文、课题的形式不断促进自己的专业成长。在反思的过程中，教师可以从以下几个方面进行考虑。

第一，课程标准出现的一个新内容就是教学评价，在对学生的美术学习进行评价时，怎样更好地做到态度习惯养成和知识能力发展并重，这是一个重要问题。教师要时刻鼓励学生大胆创造和个性发挥，注重学生的未来发展，要让每一位学生都受到美育的陶冶，更要让对美术有兴趣的学生在美术方面有所发展，为学生以后人生的发展打好基础，为未来做好铺垫。

第二，在校本课程的编写上还有待进一步的研究和探索，使校本课程落到实处，真正发挥其作用，开设一系列具有地方特色的美术课程。

第三，创设"问题情境"是课程标准的新要求，怎样设计情境才能让整个课堂充满探究的意味是目前美术教师需要解决的问题。

第四，核心素养背景下的美术课要求回归教育本位：立德树人，以美育人。强调人的文化素质，培养未来人才所需的必备品格和关键能力，进而树立正确的价值观，培养健康、高雅的艺术趣味和审美品格。美术学科同样也要面对"培养什么人，如何培养人，为谁培养人"三个基本问题，所以如何将课程思政元素融入美术课堂，真正做到立德树人是美术教师需要思考的问题。

第五，课程标准呼唤教师专业发展，而专业发展的核心是教科研素养，这种内隐性的素养是一名教师成熟程度的重要标志。当下正处于课程改革的风口浪尖，教育改革尺度之大、力度之强，前所未有。"课堂革命陕西行动""新课标、新教材、新高考"等新概念新做法都需要一线教师去研究、去思考、去行动。教师要努力紧跟时代步伐、立足课堂教学、挖掘课题素材，以课堂上遇到的种种"疑难杂症"为研究方向，以寻找解决方案、寻求理论支持、形成研究成果为目标，扎实开展教学研究，提升科研品质，提高教学智慧，让深度学习在课堂上真实发生。

在教学过程中，教师要养成反思习惯。除做好日常的教学工作外，教师还应不断地进行教学反思，争取做到每天有反思，反思自己在每节课中的点滴，从中发现问题并及时解决。教师应不断地从教育教学反思中吸取教训，积累成长素材，充实教学，使自己专业扎实、教学有风格。

（四）做好规划

有目标未必能成功，但没有目标的人一定不能成功。作为教师，一定要为自己的教师生涯确定目标，找准自己努力的方向并专注行动。很多人工作久了会产生职业倦怠、失去教育激情，久而久之就会忘记教育初心，最终变得平庸。因此，教师一定要做好自己的专业成长规划，并按照规划逐步实现自己的教育理想。成长是一个循序渐进的过程，教师在制定规划的时候要细化短期目标、中期目标和长期目标，成长规划要和骨干教师体系建设接轨，使自己能够快速成长，在具体实施的过程中还要根据实际情况进行调整。这个目标不能定得太大，要定位为"跳一跳，够得着"，尤其作为年轻教师，可以先试着多参加一些论文、案例、成果活动，参加学校的各类赛教，慢慢地就能参加市里的赛教、送教。教师应不断地激励自己，给自己一些压力，一年、三年、五年、十年……只要能够坚持在某一领域集中力量在某一点发力，就会使自己向目标的方向前进得更快。

"不积跬步，无以至千里"，一切事情都要从一点一滴做起，而且要经历一个漫长的过程。行动就是最好的捷径。做好自身专业成长的规划能使自己更快、更有目标地发展。鸡蛋从外面打破就是一顿美食，从里面打破就是美好的生命。所有的成长都是一次蜕变，忍受得住破茧成蝶的痛，才担得起振翅高飞的美。

第三节　中学美术教育改革——深化地域美术教育

关于中学美术教育相关课程的改革与探索，通过日常上课，笔者有以下探索研究，主要是与地域特色有关的美术教育课程。

一、浅谈陕北布堆画的课堂教学方法

（一）布堆画概述

1.布堆画是深受陕北人民群众喜爱的民间艺术之一

布堆画，又叫布贴花、布摞花，还有的叫拨花，是布和棉花的产物。布堆画以农家自制的粗布为原料，以剪刀为工具，以民间传说、戏剧人物、民俗生活、花鸟禽兽为题材，由农家妇女巧手剪贴，进行贴块、拼贴、拼接、镶花、堆叠、缝合等，制作出各种极具民族特色的图案、画面。布堆画夸张变形，意象生动，想象奇特，是陕北人民喜爱的民间艺术之一。

2.布堆画制作简单，方便易学

布堆画以布为原料，以剪刀为工具，制作方法非常简单，就是将布剪成各式各样的图案，然后进行拼贴，制作出各种生动的图案。

3.有充分的校外资源可以利用

我们学校周边的安塞、延川、延长等县是有名的艺术之乡，布堆画艺术在全国小有名气，有世界级艺术师，还有在全国有影响力的民间艺人，请他们做兼职教师或观摩他们的布堆画制作和创作很方便。而且我校许多学生的奶奶、妈妈、姑姑、姨姨等亲戚对民间艺术——布堆画就很精通，所以对我校学生来说，是非常熟悉布堆画的。

4.改革美术教学，开发校本课程

传统的中学美术是以美术启蒙和美术欣赏为主，除个别热爱美术、有志于在美术上发展的学生外，绝大多数学生对于美术较为盲目。开设布堆画课，可以让学生感受身边具体的艺术，学生的兴趣就会很浓厚。学生在动手、动脑之余，还可以进一步感受我们民族的伟大艺术。

（二）布堆画教学的方法步骤

1.课时设置

6课时。

2.课时分配及教学过程

（1）第1课时：欣赏观摩

找延川布堆画作品若干幅，张挂在教室中或用实物投影仪投射在教室银幕上，营造气氛，激发学生的学习兴趣，告诉学生：①布堆画，又叫布贴花、布摞花，还有的叫拨花，它以农家自制的粗布为原料，以民间传说、戏剧人物、民俗生活、花鸟禽兽为题材，由农家妇女巧手剪贴而成。②它用料简单，易于制作，既实用又美观，很早就流行于村镇妇女之间，而且与当地的群众关系极为密切。如农家妇女用各种颜色的碎布头剪贴虎头、花卉及各种吉祥图案，缀纳在儿童衣帽和鞋子上，剪贴成"鱼戏莲"装饰在新婚男女的枕头上，这些可都是布堆画的"起源"。③布堆画的构思大胆，色彩鲜艳，形象夸张，主动有趣，具有很深的思想和文化内涵。④在传统民间剪纸、刺绣、壁画、布贴工艺的基础上，从生活出发，就地取材，采用不同色彩、不同质地、不同形状的布块，通过布缝和补花布饰手工艺，创造出画面具有浮雕感的布贴画。

（2）第2课时：构思铅笔稿

民间的布堆画布剪之前从来不画图样，信手剪来，任意贴来，人们常称之为"剪刀艺术"。在课堂教学中，由于学生初次接触布堆画，要求学生先画铅笔稿，把构思好的画先画出来，画好后再轻轻勾画在一个干净的纸板上待用。

（3）第3～5课时：剪裁粘贴

从收集的碎布中挑选适合画面图案的布块。课堂布堆画可避开传统布堆画使用自制粗布为原料的要求，大胆地使用各种材质的花布。

有条件可先把准备好的布块熨平，把画好的纸板上的图案（如人物的帽子、头发、上衣、裙子、鞋、包、手）等依次剪下来，然后依次放到选好的布上，按大小进行剪裁，并放到一个干净的地方待用。在剪时要注意压在最下边的图案要比纸板上相应的图案剪得稍大一些。

接下来就是将剪好的图案进行拼贴、黏合了。粘贴时要先考虑整幅作品的构图布局，因为图案一旦粘贴上去就不容易再拿下来了，即使取下来了，画面也变脏了。粘贴图案时先贴最底层的部分，依次往上去贴，形成一种堆起来、富有积理的效果。粘贴时可先确定主画面的位置，也就是重点要表现的画面，然后依次向外粘贴，由大到小，由简到繁，最后使其形成一幅极具特色的作品。

作品完成后，根据画面的整体效果，可适当地对画面进行整理，也可对画面进行装框，还可自己利用底板材料进行装裱，但要注意与画面的和谐统一。

（4）第6课时：总结评比

将学生的作品在全班进行展示，由学生自评、互评的方式进行评价，最后由教师总结评价并强调布堆画的步骤和要领。

（三）课后反思和心得

1. 对学生的动手能力要充满信心

现在的学生见多识广，想象力丰富，只要教师引导得法，他们学习和掌握技能是很快的，学生很容易创作出许多生动有趣的图案来。

2. 注意将课堂与生活相结合，引导学生

在创作之前，最重要的是让学生了解布堆画的特点，选择布料就显得尤为重要了。在选择布料时，应该注意布料的薄厚以及纹理、花色的变化，纹理花色的

变化要全面考虑并将其巧妙地运用在作品中，比如树干可选择纹理较清晰、较厚的布，而树叶、花等可选择一些较薄、纹理较平整的布。

布堆画也讲究构图和透视，因此粘贴时画面的位置显得尤为重要，画面的层次则需要用布的色块来表现，距离我们较近的部分可选用色彩较深的布，逐渐远去的部分可选中间色或较浅的颜色，距离越远，布的色彩就越淡，这样从色彩上就区分了画面中近、中、远的层次感，使画面富有深度、更加丰富。

课堂布堆画和传统的民间布堆画是有所区别的，民间的布堆画对布的选择更为讲究，而课堂中可让学生使用家里的各种废旧布块，为了让画面更加丰富活泼，贴近学生的生活，在画面中还可使用麻织物、色卡纸、绳、铁丝、木片、石头、纽扣等，尽情地发挥学生的想象力创造出各种生动奇趣的画面，尽情地发挥学生的动脑、动手能力及创造力。

3. 在布堆画的创作中，使学生学会审美、学会欣赏

布堆画的制作简单，富有很强的表现力，可以是我们身边的生活、故事，也可以是自然景观、花鸟鱼虫、神话故事等，画面可以抒情，可以抽象，也可以写实，色彩可以淡雅和谐，也可以鲜艳对比，但布堆画在创作上要求造型高度概括、简练。

通过这六节课的布堆画制作，学生就能掌握基本的布堆画制作方法和技巧，在以后的训练中，只要按照布堆画的特点，发挥学生的想象力和创造力，就能创作出许多优秀的布堆画作品。

二、如何让陕北民间美术在中学美术教学中熠熠生辉

民间美术是民间文化的重要组成部分，是民族文化艺术宝库中的精华。没有民间美术这一部分，我们的美术教育就不完整。因此，中学美术教育应该重视、加强民间美术教育。学习民间美术可以使青少年在轻松的气氛中自觉地了解民族文化、热爱民族文化，树立民族自信，使民族文化发扬光大。

（一）民间美术资源在中学美术教学中的重要作用

在有关美术的教育文件中，中学美术教学引入民间美术资源是高频词句。究其原因，一方面在于我国提出的文化自信战略，另一方面则是民间美术资源能够丰富中学美术教学内容，也有利于继承和发展民间物质和非物质文化遗产。

可以说，实现民间美术进课堂是具备现实意义的。具体而言，其一在于青少年正处在求知好学的阶段，彼时的美术文化体系尚未形成。在中学引入民间美术

资源，不仅能够加强学生对本民族美术文化的认知，强化学生对民间传统美术文化的保护意识，还有利于学生形成融合东西方美术文化的知识架构，也有利于构建弘扬民间美术文化的教学体系。从当前社会情形来看，固然有些继承者已经将民间美术文化申报物质文化遗产，但同样也有些不为人知的继承者还在默默地为文化传承努力。从这一点而言，在教育领域构建一个能够在传承点上立得住、在弘扬路上走得远的民间美术文化教学体系是十分关键的。但从美术教学的课堂反馈结果来看，由于当前的文化融合，西方文化进入我国不仅带来了文化创新，也引发了一系列文化冲击，并且不管是市场上的培训机构还是校园内的美术课堂，均以成果导向为主向学生传递着实用性知识。这些不仅压缩了民间美术文化的生存空间，而且阻碍了民间美术文化的传承和弘扬。面对诸如上述问题，将民间美术和文化引入美术教学，甚至是中学教学，从青少年抓起，培养民间美术文化继承者实在是十分必要的。实现民间美术进课堂的第二个现实意义在于，教育课堂指标中已然明确在美术教学中要开发和利用有效的资源。中国地广物博，在数千年的历史进程中形成的美术文化不仅具有历史厚重感，还传达着各地域的发展特色。如此丰富的民间美术资源，将之有效引入中学美术教学，对于加深学生对本地区、本民族的文化认同感是具有深远意义的。

因此，如何利用好如此重要的民间美术资源就成为当前教育工作者的主要任务。笔者认为可以分两个层面进行讨论：一是理论层面，教育工作者除了要明确将民间美术资源引进课堂教育是为了宣传传统文化外，还要认识到美术的多元化教学有利于塑造学生的人格以及培养他们的创新意识。为了将民间美术文化深刻地与课堂氛围相融合，除了思想层面以外，还需要教育者扩充自身的文化积累，提高执教能力。教师要转变自己的角色，从课堂上的传教者转化为民间美术文化的支持者和协作者。在教学过程中，教师要注重引导学生树立自主学习的意识，及时在学生学习中提供指导。二是实践层面，实践出真理。当前的民间美术融入课堂是一项未来不可期的任务。从这个角度来说既然是摸着石头过河，就要时刻掌握课堂动态，及时对不合理的教学路径做出调整。

（二）陕北民间美术与中学美术课堂的应用结合

陕北美术是民间美术文化的重要组成部分。作为黄土高原的中心地带，又是革命老根据地的陕北，得天独厚的地域条件和历史文化孕育出一种不同寻常的边塞文化。因此，将陕北民间美术文化融入美术课堂教学是能够丰富美术文化的重要任务。

《义务教育美术课程标准（2011 年版）》中明确指出美术课堂教学一方面要受到规范，另一方面也要能够适应不同经济发展地区的实际情况。这就意味着，在各地区的美术教学融合陕北民间美术文化中可以根据自身的地域发展情况等因素综合考量，因地制宜地施行适合的教学体制。具体原则如下：

从主体分类层面讨论，教育工作者要深刻认识到陕北民间美术文化在中国传统民间美术文化中的地位。美术研究者要对陕北民间美术文化的历史和艺术进行系统化的解构。学生要立足于继承者的角度深入分析陕北民间美术文化在文化体系中的重要性，尤其要注意规避传统民间美术文化等于老旧文化的意识思想。美术教育者则需要整合多方的信息和资源，采取有针对性的教学模式，把陕北民间美术资源与中学美术课堂有效衔接。

除了在室内研究陕北民间美术文化的图样和历史，走出校园，走进民间也是制定中小学教案的重要举措。这个民间就不仅仅指图书馆、博物馆等大众文化展览馆。由于陕北地域面积广，各村落间或形成不同的美术艺术，因此，校外考察需要教育工作者合理运用陕北的地方资源，走进田野进行实地走访。这样才能通过调研者将陕北民间美术文化合理客观地传达给青少年，激发学生对学习陕北民间美术文化的兴趣。

（三）民间美术资源的融合：以陕北剪纸为例

陕北剪纸是陕北人民经过祖祖辈辈的衣食住行、风俗习惯和信仰崇拜集合而成的民间文化财富，是承载着陕北人民对美好生活的祈盼的象征。在那个物质资源尤其不丰富的时代，陕北人民通过形式多样的剪纸图案来表达内心的渴盼。换句话说，正是由于这些剪纸都出自百姓勤劳的双手，才使得它们更加可爱和朴实。

陕北剪纸的寄语丰富多样。陕北人民在从事剪纸作业时擅于从大局入手，观察事物的形态和微处特征，再用简洁的手法剪出事物的大体轮廓。简简单单的剪法，竟然能够形成形神兼具的剪纸，这不可谓不神奇。同样，我们也能够从这些生动形象和艺术趣味的剪纸中看到陕北人民勤劳智慧、朴实能干的形象。在陕北剪纸中，剪纸人也会刻意以夸张的手法突出展现事物形象。这就需要剪纸人仔细揣摩事物的方方面面，在心里对其有概括性的印象，而后通过有意地改变事物形状，将其夸张变形，体现出不同事物的特色作风。在完成上述主要部分以后，还需要把留白的部分通过各种花样进行装饰，以丰富整个作品。这一步最能体现出剪纸人的生活态度，以及他们对生活环境的情感展示。因此，整个剪纸过程中全是重点，需要剪纸人细心对待。

面对如此有意义却又复杂的剪纸作业，如何将其融入中学美术课堂是需要谨慎对待的问题。对此，笔者认为可以遵循前文的原则理论，进行以下操作。

第一，准备充足的剪纸材料。没有金刚钻，不揽瓷器活。在上课前准备好充足的所需物品是十分重要的。尤其在当前这个时代，剪纸的材料不再局限于红纸和剪刀，越来越多的新材料也被用于剪纸过程中，比如树叶、纺织布等。

第二，在课堂教学中要采用循序渐进的教学模式。模仿是学习的第一步，学生通过观看教师的剪纸手法进行学习，而后在学生模仿的过程中，教师要时刻注意学生动态，及时对学生提出建议。

第三，在教学过程中，教师还要着重对学生的思维进行拓展。美术是集各大学科的精华，以形象的艺术手法展现出来的。因此，学生要学会逆向思维，在面对直观的图样时，回溯图样创作的历史背景和相关知识。教师应引导学生向着本质纵深探讨，形成对图样、对陕北剪纸、对民间美术文化的独一无二的认知。

第四节　中国美术教育展望

如今，无处不在的数字化图像改变了青少年的生活、学习和感知世界的方式。数字化时代带给青少年科学和数学方面的技能，所有年轻人都需要掌握使用数字产品的技能，即媒体素养。但是，我们千万不能忘记，在新的经济全球化竞争的背景下，通过富有意义的学校美术教育，鼓励学生创造性地进行思考和发展自身的创造力是必不可少的。

一、当前背景

（一）大数据时代

近年来，"大数据"一词越来越多地被提及，人们用它来描述和定义信息爆炸时代产生的海量数据。大数据的特征为数据量大、繁多、数据价值密度相对低、数据处理速度快、时效性要求高。

在大数据时代，一方面，影像信息日趋膨胀，越来越多的网民在互联网上发布原始照片或视频；另一方面，移动终端的使用日趋频繁，并越来越低龄化。

大数据时代对学校美术教育提出了新的挑战，同时也为青少年获得更为深刻、全面的美术能力与视觉素养提供了前所未有的空间与潜力。为推进美术教育领域到达新的高度，我们理应不断地追问与探索：①当今美术教育领域需要进行怎样的变化？②在保持或变更学校美术教育的课程结构与内容时，什么是重要的？③如何改变学校美术教育的方法，以达到有效教学的目的？④核心问题是学校美术教育如何为培养21世纪社会所要求的人才发挥应有的作用？

（二）文化的多元性

2010年5月，联合国教科文组织发布了第一份关于文化的世界报告《着力文化多样性与文化间对话》。该报告指出："文化具有双重意义。这两层意义虽不尽相同，却是互为补充的。首先，文化是寓于特定'文化'之中的创造性差异，具有各自独特的传统及有形和无形的表达方式。其次，文化（单数意义）也指处于'元文化'异核心的创造冲动。文化的这两层意义：一层是自我指涉，另一层是自我超越——相互联系不可分割，是全球化背景下各民族之间成功交流的关键之所在。文化的多样性不只是需要保护的财产，也是一种需要得到开发的资源。"这份报告还指出："在文化日趋多元化的各个社会群体内部，教育必须能够培养人们的跨学科能力，使我们在文化差异中和平相处。……在多元化文化的社会中，终身教育所面临的主要问题之一就是如何培养学生与人共处的能力。因此，实施多元文化教育的同时也要实施跨文化教育，艺术与人文教育、多媒体教学、博物馆及旅游等活动都有助于培养一些关键能力，用于克服片面观念、适应不同文化并存的社会环境、解决文化间对话这个难题。"根据这一报告的精神，积极开展包括美术教育在内的多元文化教育，培养学生与人共处的能力是迫在眉睫的课题。

（三）视觉素养

视觉素养是一个新兴的研究领域，其概念最早是由国际视觉素养协会创始人之一约翰于1969年提出的。他指出，视觉素养是人类通过观看，同时整合其他视觉经验，发展出一组视觉能力的素质。对人类的正常学习来说，发展这组能力是根本的。当这些能力得到发展时，它们使具有视觉素养的人能区分和解释视觉行动、视觉物体以及自然的或人造的视觉符号，创造性地运用这些能力，人们就能理解和享受视觉交流的杰作。这个定义一直为国际视觉素养协会所沿用。2004

年 1 月，国际视觉素养协会的白皮书上将"视觉素养"定义为"理解人们如何感知对象，解释他们所看到的以及从中学习到的"。一方面，它研究什么能被看到以及我们如何解释所看到的视觉信息；另一方面，它研究我们如何创建新的视觉信息以及我们如何用新创建的视觉信息进行交流。笔者认为，视觉素养包括视觉思维能力、视觉艺术鉴赏能力以及批评视觉现象的判断能力、创作视觉艺术（美术）作品并传递视觉信息的表现能力与交流能力，以及将这些能力与经验迁移至学习、工作、生活以及人格中的素养。简言之，视觉素养主要包括对现实世界中的图像进行解码、分析和理解的视觉识读能力、通过图像传达意义与价值的视觉表达与交流能力，以及将这些能力迁移至学习、工作、生活及人格中的能力，而视觉素养的核心是"感性""美感"和"创意"。

在视觉文化时代，无论是现在还是未来，从事任何一门工作的人都要高度依赖视觉素养，视觉素养已成为全体国民的基本文化素养。

今日的教育工作者越来越深刻地认识到帮助青少年发展视觉素养的重要性，因为这是青少年在一个高度复杂的世界中生存和交流必不可少的核心素养。

二、美术教学的愿景

（一）提供高品质的美术教学

在确保课时、教师和设施、设备的基础上，我们要为青少年提供高品质的美术教学。

第一，我们要加强美术创作教学研究，确定哪些知识和技能通过美术教学可以迁移到其他领域，这些研究有助于教师引导学生学会将美术的知识和技能迁移到其他学习领域。

第二，我们要加强美术鉴赏教学研究，指导青少年不断提高审美情趣和审美品位，让每一位学生找到自己生命的价值与意义，提升社会整体美感与文化活力。

第三，我们要推动学校美术教育与社区相结合，通过落实以日常生活为基础的美术教育，培养学生主动学习、善用自己的长处、勇于创新、善于批判思考、终身学习以及理解不同文化等驾驭未来的能力。

（二）导入翻转课堂的教学方法

"翻转课堂"始于 2006 年。所谓"翻转"，是指学生在家里观看教师创建的视频（原先在课堂中的教师讲解部分），而曾经是家庭作业的部分现在是在课堂上完成的。换言之，教师预先录制结合实时讲解和 PPT 演示的视频，并将它上传到网络中，学生在家中或课外观看视频中教师的讲解，把课堂时间节省出来，师生进行面对面的讨论和作业的辅导。

目前，翻转课堂的教学探索已取得显著的成效，美术教师也开始加入翻转课堂的教学实践。这是因为课堂教学时间有限，学生的美术水平不同，教师面向全班学生进行教学（如绘制肖像画、焦点透视或水彩画的教学），难以教会全部学生，不少学生在进行美术创作时会遇到各种困难，譬如不知道怎样描绘肖像的轮廓、不知道怎样确定透视的焦点、不知道如何表现出水彩颜料叠加的效果而不弄脏画面。对于这类技法要求较高的课程，导入翻转课堂的教学方法，教师就可以将绘制肖像画的方法、焦点透视画法或水彩画法细分为几个具体步骤，结合实时讲解，制作成 PPT 演示的视频，并上传至网络中，让学生在家中或课外进行观看。在课堂教学时，教师就可以针对每一名学生的美术水平与能力进行个性化辅导，帮助他们学会各种表现技法。

翻转课堂的优势在于：学生可以按照自己的学习时间和习惯来安排美术学习进度，对技法上的难点可以通过反复观看视频加深了解和掌握，提高学习的自我管理意识；通过网络及时反馈，教师可以了解学生的美术学习困难，进行更有针对性的辅导；增加了课堂上学生和教师的互动时间，有益于全体学生提高美术学习成绩，获得自信心和成就感。当然，翻转课堂只是一种教学方法，并不适合所有的美术单元课程与教学，教师应根据实际情况选用多种教学方法。

（三）移动学习

移动学习涉及使用单独或与其他信息和通信技术组合的移动技术，使美术学习可以随时随地进行。学生可以使用移动设备访问美术教育资源，在教室内外创作美术作品，与他人交流，教师也可以随时随地备课等。

以移动学习方式进行的美术学习的优势包括以下几个方面。

其一，能够促进个性化学习。智能移动设备已经在数以百万计的青少年的口袋里，可以给学生带来更大的灵活性，使学生能够按照自己的兴趣去追求美术学习的机会。

其二，能够提供即时的美术学习反馈和评估。移动通信技术可以简化评估，由于其互动功能，可提供即时反馈，为学生和教师提供更多美术学习的进展情况。

其三，能够建立学习者的美术学习新社区，使学习者可以阅读美术作品并发表评论。

其四，能够支撑情境学习，如博物馆定期提供"音频导游"，学生可以在移动中观看并了解美术作品。

其五，支持无缝学习，云计算和云存储的流线型教育为学生持续提供最新的美术学习经验，因为美术教育资源和有关学生的进度信息都存储在远程服务器中，而不是单个硬盘驱动器设备中，学生可以访问各种设备（台式电脑、笔记本电脑、平板电脑和移动电话等），利用每个设备的优势。此外，因为计算越来越多地转移到云中，设备不一定需要昂贵的处理器和先进的软件，只需要进行学习者与互联网的连接。

参考文献

［1］姜小淳.中学美术欣赏课教学方法的运用[J].文理导航，2022（8）：40-42.

［2］郑娇娇.中学美术"五环五问"项目式教学设计初探[J].中学课程资源，2022，18（7）：7-11.

［3］杨康.版画艺术在中学美术教学中的拓展研究[J].山西教育（教学），2022（7）：67-68.

［4］赵金龙.基于新课程标准下农村初中美术课堂学生展示与评价活动[J].新课程，2022（27）：87-89.

［5］武慧.中学美术教学渗透中国传统文化的路径探究[J].读写算，2022（18）：34-36.

［6］陈晨.新时代下中学美术教育中学生创新精神的培养[J].科幻画报，2022（6）：153-154.

［7］周信达，马耀国，姚守梅.新美育时代美术教研的路径探索[J].教学月刊·中学版（教学管理），2022（6）：8-12.

［8］张虹.中学美术"设计·应用"教学与校园文化建设融合的进路[J].安徽教育科研，2022（15）：71-72.

［9］韩莉.核心素养背景下美术教师自身需要的素养[J].美术教育研究，2022（10）：146-147.

［10］于海霞.中学美术教学鉴赏教学内容与方法研究[J].美术教育研究，2022（10）：172-173.

［11］柴培甲.中学美术教学中的美育素养培育对策研究[J].宁夏师范学院学报，2022，43（5）：101-104.

［12］朱彦炜 . 探究核心素养下中学美育与传统文化教育的融合［J］. 教育界，2022（12）：2-4.

［13］任冬梅 . 浅谈信息化时代的中学美术教学策略［J］. 天天爱科学（教学研究），2022（4）：119-120.

［14］黄洁惠 . 让美术走进生活：谈初中美术教学策略［J］. 试题与研究，2022（10）：195-196.

［15］解冰 . 浅谈兴趣教学法在中学美术教学中的应用策略［J］. 天天爱科学（教学研究），2022（3）：119-120.

［16］张环宇 . 浅谈中学美术教学中审美能力的培养［J］. 大众文艺，2022（6）：158-160.

［17］李伟 . 素质教育背景下的中学美术教学应用［J］. 漫画月刊，2022（8）：26-27.

［18］白云云 . 中学美术课堂形成性评价设计与实施［J］. 上海课程教学研究，2022（3）：76-80.

［19］黄玲，潘瑜豪 . 基于师范专业认证的项目式学习教学实践研究：以《美术教学论》课程为例［J］. 黔南民族师范学院学报，2022，42（1）：46-51.

［20］刘晓华，於玲玲 . 情境教学法在中学美术剪纸课中的运用［J］. 美术教育研究，2022（2）：166-167.

［21］陈建刚 . 浅析中学美术教师教学能力提升的方法［J］. 中学课程辅导，2022（3）：111-113.

［22］王颖洁 . "做中学"理念下的美术教师工作坊模式的研究与实践［J］. 中国中小学美术，2022（1）：12-16.

［23］曹林灿 . 中学阶段学生美术鉴赏能力的培养［J］. 美术教育研究，2021（24）：156-157.

［24］黄永成 . 审美心理学在中学美术教学中的作用［J］. 新智慧，2021（34）：10-12.

［25］万进绪 . 探讨美术教育对中学生创新能力的培养［J］. 智力，2021（33）：34-36.

［26］刘珍娥 . 浅析文化差异对英美文学评价的影响［J］. 名家名作，2021（8）：116-117.

［27］赵国强 . 民间美术资源在中学美术教育中的创新运用［J］. 美术教育研究，2021（20）：164-165.

［28］陈淑缘.美育视角下的中学美术教育落实策略 [J].基础教育研究，2021
（20）：31-32.

［29］周玉洁.关于中学美术教育的几点思考 [J].艺术大观，2021（28）：127-
128.

［30］陈惠.试论在中学美术课堂中培养学生核心素养的策略 [J].名师在线，
2021（27）：62-63.